BASTEI
LÜBBE

Über die Autorin:
Simone de Saint-Exupéry wurde 1898 als zweitältestes von fünf Kindern geboren. Mit 24 Jahren schrieb sie sich als eine der ersten Frauen an der École des Chartres ein und verließ diese nach vier Jahren als diplomierte Archivarin und Paläografin. Ihre politischen und geschichtlichen Texte veröffentlichte sie ebenso wie ihre Sammlung mit Novellen und Gedichten unter dem Namen Simone de Remens – ihr Bruder Antoine wollte keinen weiteren Autor desselben Namens in der Familie. Im Frühjahr 1978 starb sie nach kurzer Krankheit in Agay.

Simone de Saint-Exupéry

Fünf Kinder in einem Park

Die Kindheit des »Kleinen Prinzen«

Herausgegeben und mit einem Vorwort
von Frédéric d'Agay

Aus dem Französischen von
Barbara Scriba-Sethe

BASTEI LÜBBE

BASTEI LÜBBE TASCHENBUCH
Band 61520

1. Auflage: Mai 2003

Vollständige Taschenbuchausgabe

Bastei Lübbe Taschenbücher ist ein Imprint
der Verlagsgruppe Lübbe

Titel der französischen Originalausgabe:
CINQ ENFANTS DANS UN PARC
erschienen bei Gallimard, Édition d'Alban Cerisier

Lizenzausgabe: Verlagsgruppe Lübbe GmbH & Co. KG,
Bergisch Gladbach
Titelillustration: Gisela Kullowatz
Einbandgestaltung: Gisela Kullowatz
Satz: Schaber Satz- und Datentechnik, Wels
Druck und Verarbeitung: Ebner & Spiegel, Ulm
Printed in Germany
ISBN 3-404-61520-4

Sie finden uns im Internet unter
http://www.luebbe.de

Der Preis dieses Bandes versteht sich einschließlich
der gesetzlichen Mehrwertsteuer.

Inhalt

Vorwort

Unsere Ferien in Agay und Antoines Kindheit im Schloss Saint-Maurice wurden von festen Riten bestimmt. Bei den großen Familienfesten – Weihnachten, Neujahr, Ostern, dem fünfzehnten August, Allerheiligen, bei Geburtstagen – fanden sich alle Familienmitglieder ein und wir haben sogar bis zu fünf Generationen zusammen erlebt. Eine Gruppe von Frauen bildete den engsten Kreis der Familie unserer Großmutter, Antoine de Saint-Exupérys Schwester, die aus Nizza oder der umliegenden Gegend wie Grasse und Cabris anreiste. Sie kamen entweder zusammen oder getrennt. Dazu gehörte unsere Urgroßmutter, Marie de Saint-Exupéry, von uns »Mamé« genannt, was Großmutter auf Provenzalisch heißt. Sie war blind, immer in Weiß gekleidet, mit einer weißen Haube oder einem weißen Tuch auf dem Kopf und einem malvenfarbigen oder hellgelben Schal über den Schultern. Sie hatte diese Schals selbst gehäkelt. Das ließen ihre Finger und ihre Blindheit trotz ihrer mehr als neunzig Jahre immer noch zu, denn sie hatte ihre Gewohnheit beibehalten, nie untätig zu sein. Als sie nicht mehr stricken konnte, bastelte sie aus Krepp-Papier Rosen, die bei Wohltätigkeitsveranstaltungen für ein Luftfahrtprojekt verkauft wurden… ebenso wie sie die Gitarre zur Hand nahm, als sie mit dem Klavierspielen aufhören musste. Ihre geistige Klarheit, ihre Neugierde und ihre Offenheit für andere sind bis zu ihrem Tod mit siebenundneunzig Jahren geblieben: frisch und strahlend wie der morgendliche Tau. Sie vervollkommnete ihr Italienisch, gerade sie, die sie so häufig die *Fioretti* des heiligen Franz von Assisi gelesen hatte. Einen Monat vor ihrem Tod sagte sie zu mir: »Ich habe nie die Romane von Montherlant gelesen. Und du? Schreib für mich an Gallimard und bestelle seine Werke.« Und ich sehe wieder die Einbände der Romane der weißen Kollektion in ihrem Sterbezimmer – es waren die letzten Romane, die sie gelesen hatte. Die man ihr vielmehr vorgelesen hatte. Um die charmante Sekretärin und Gesellschaftsdame aus Cabris zu ersetzen, kamen in Agay jeden Morgen die Urenkel nacheinander in ihr Zimmer, um ihre Briefe zu öffnen, die uns durch ihre Anzahl und ihre Qualität ungemein beeindruckten: Königin Marie-José von Italien, André Dunoyer de Segonzac oder das Sekretariat des Schahs von Persien und etliche anonyme Bewunderer ihres Sohnes. Sie diktierte dann ihre Antworten, immer kurz, fast trocken, die aber alles Wesentliche enthielten. Ich hatte ihr eines Tages geschrieben, dass ich mich auf meine erste Reise nach

Italien begebe, und sie antwortete: »Mein Liebling, bei allem, was schön ist, denke immer an mich. Ich umarme dich, Mamé.«
Sie beherrschte also nicht nur durch ihr Alter unsere Familie, sondern auch durch ihr Wesen und ihr ganzes Sein.
Ihre Schwester, Madeleine de Fonscolombe, Tante Mad oder Taty genannt, trug immer eine Bluse mit einem Jabot, einen Stock und einen Hut. Sie war unverheiratet, wohnte in Nizza und bezauberte alle mit ihren Geschichten. Im Sommer sah man sie nie, da machte sie ihre Tour durch die französischen Schlösser.
Tante Consuélo de Saint-Exupéry, die Witwe unseres Onkels Antoine, hatte es nicht mit Kindern. Ich kann mich nicht erinnern, dass sie uns jemals etwas geschenkt hätte... Doch ihr südamerikanischer Akzent und ihr Geplapper amüsierten uns.
Tante Simone de Saint-Exupéry, Tante Monot genannt und unter uns respektlos Tante Susu, die Schwester unserer Großmutter und Antoines, kam immer in einem weißen Daf Automatik. Für uns war sie untrennbar mit diesem außergewöhnlichen Auto verbunden, von dem uns kein weiteres Exemplar bekannt war. Gewöhnlich brachte sie Mamé und Tante Mad mit und ihre Ankunft rief die Freude von uns vierzehn Galgenstricken von Großneffen hervor.
Diese vier Damen waren für uns durch ihr Leben, durch das, was sie durchgestanden hatten, und ihre Einsamkeit alle ganz einzigartig, doch Tante Monot

war die außergewöhnlichste von allen und an der Grenze der Exzentrizität. Groß, immer in schwarzer Hose, eine Angewohnheit, die sie aus Indochina mitgebracht und die sich noch nicht in der Familie durchgesetzt hatte, mit einer großen Strohtasche am Arm und je nach Jahreszeit mit einem Pullover, einer Jacke, einem Regenmantel oder einem Mantel mit Pelzkragen über den Schultern, wie eine Stola mit herunterhängendem Ende, so schritt sie auf uns zu, die wir auf sie zueilten, um sie zu umarmen. »Ah, meine Lieblinge, meine Lieblinge... ich habe ganz viele Geschenke für euch...« Ihr Gesicht war von starker Kurzsichtigkeit und somit riesigen Brillengläsern gekennzeichnet und einem Mund, den man für verächtlich oder spöttisch hätte halten können, der jedoch nur ein weiteres Merkmal von Originalität und Gelehrsamkeit war. Wir halfen ihr beim Entleeren des Kofferraums von all den Koffern und Taschen voller Geschenke, die sie im Allgemeinen von *Bon Génie de Genève* mitbrachte, wenn sie ihre jährliche Kur in Divonne-les-Bains mit Mamé absolvierte. Diese Geschenke waren völlig nutzlos und nicht zu gebrauchen, doch sie waren gute Schnäppchen und lösten wildes, maßloses Gelächter aus. In einem Jahr hatte sie zum Beispiel für ihre Nichten lauter gleiche, allerdings verschiedenfarbige Ketten und für ihre Neffen Badehosen mitgebracht, die so groß waren, dass mein Bruder und ich beide in ein Bein passten. Für die Mädchen Mützen, Schals und Handschuhe in leuchtenden Farben, für ihre älteren

Neffen rosafarbene oder goldbraune Krawatten oder rote mit weißen Punkten. Es gab auch Schokolade, Bonbons und spezielle Schachteln für jedermann oder Fleisch für die Hauskatzen und Hunde. Auch kleine Scheine und später »große« für die Jungverheirateten und die Studenten.

Liebe Tante Simone! Ich sehe Sie bildlich vor mir in Agay, im Garten, die Hände auf den Hüften, in der Ihnen eigenen Haltung, wie Sie sich lächelnd in Positur stellen, um ein Familienmittagessen unsterblich werden zu lassen. Sie riefen für uns immer zwei Dinge in Erinnerung: Indochina und Ihre Kindheit mit unserer Großmutter in Lyon und das Haus Saint-Maurice.

Indochina, weil Sie dort Ihre außergewöhnliche Karriere gemacht haben. Karriere und Frau, zwei Worte, die in unserer Familie nicht miteinander in Verbindung gebracht wurden; das erste war sogar, wenn ich das hinzufügen darf, gänzlich unbekannt. Denn Sie waren ein Vorbild und verabscheuten es nicht, wenn man Ihnen diese Zeit Ihres Lebens in Erinnerung rief.

Als glänzende Latinistin und leidenschaftlich an Geschichte Interessierte war Simone de Saint-Exupéry eine der ersten Frauen, die sich 1922 in die Ecole des Chartes einschrieben. Ihre Doktorarbeit hat sie über die Geschichte der Abtei von Ambronay im einige Kilometer von Saint-Maurice entfernten Bugey verfasst. 1926 verlässt sie, ausgerüstet mit ihrem Diplom als Archivarin und Paläografin, die Schule.

Nachdem sie einige Jahre in den Archiven von Lyon verbracht hat, schifft sie sich nach Indochina ein, wo sie fünfundzwanzig Jahre lebt. In Hanoi gehört sie zunächst der Leitung der Archiv- und Bibliotheksabteilungen an und übernimmt die Ausbildung der Bibliotheksarchivare. 1937 wird sie nach Saigon geschickt, um die Einrichtung solcher Archive in Kotschinchina zu organisieren. Sie schreibt ein Handbuch für Archivare und gründet Fahrbüchereien und eine Jugendbibliothek. Von 1939 an arbeitet sie nach ihrer Rückkehr in Hanoi für zahlreiche indochinesische Zeitungen und schreibt regelmäßig über geschichtliche, politische oder wirtschaftliche Themen. Unter dem Namen Simone de Remens – ihr Bruder Antoine wollte keinen zweiten Autor desselben Namens in der Familie – veröffentlicht sie eine Sammlung mit Novellen und Gedichten, die *Météores*. Von den Japanern 1945 überwacht, übernimmt sie die Interimsleitung der Archive und Bibliotheken Indochinas und rettet die Archive der Kolonialregierung während der blutigen Ereignisse von Hanoi im Dezember 1945.

Sie schreibt weiterhin für verschiedene indochinesische und französische Zeitungen und empfängt viele französische Persönlichkeiten auf der Durchreise. Ihr Haus wird zu einem Treffpunkt für alle französischen Offiziere, Beamte und Intellektuelle von Hanoi. 1953, nach dem Fall von Dien Bien Phu, verausgabt sie sich selbstlos zugunsten der vietnamesischen und französischen Flüchtlinge. Sie wird mit dem Kreuz der Ehrenlegion belohnt, das ihr General de Linares überreicht. 1954 sorgt sie für die Evakuierung der Bibliotheken nach Saigon und kehrt 1955 nach Frankreich zurück. Sie wird zur Direktorin der Archive des Departements der Haute Loire ernannt, 1958 dann zur Konservatorin für die Nationalarchive in Paris. Sie ist Mitbegründerin von Privatarchiven, ordnet zahlreiche Fonds, darunter den von Marschall Ney, organisiert Ausstellungen und geht 1962 in Pension.

Sie teilt ihre Zeit auf zwischen Paris und Nizza, Cabris und Agay, wo sie nach kurzer Krankheit im Frühjahr 1978 stirbt.

Ihre Leidenschaft galt nicht nur alten Anleitungen für Hexenmeister und Büchern überhaupt, sondern auch dem Schreiben. Doch ist es nicht leicht, im Schatten eines großen Mannes zu schreiben, vor allem, wenn dieser Mann der eigene Bruder ist. Mit ihrer Schwester Biche – die auch viel schrieb und neben einem Tagebuch ein wunderbares Werk über Tiere hinterlassen hat: *Les Amis de Biche* – ersinnt Simone als Kind unermüdlich kleine Revuen, inszeniert Stücke nach Komödien und Sprichwörtern der Comtesse de Ségur, verfasst selbst Dramen, die den Angestellten Angst einjagen, oder bearbeitet Stücke für die Bühne, wie zum Beispiel *Die Kinder des Kapitän Grant.*

Seit 1909 führt sie ein Tagebuch, in das sie fünfzig Jahre lang unregelmäßig schreibt. Es lässt Saint-Maurice und Lyon lebendig werden, Antoines Kindheit, die Krankenstation ihrer Mutter während des Ersten Weltkriegs am Bahnhof von Ambérieu. Bilder der Gesellschaft, Gespräche, humorvolle und geistreiche Einfälle werden mit großem Beobachtungs-, Erzähl- und Erinnerungstalent wiedergegeben. Es ist das Tagebuch einer aristokratischen Gesellschaft, die am Vorabend ihres Zusammenbruchs hinweggefegt werden wird, und auch das Tagebuch eines jungen Mädchens, dem man beigebracht hat, dass es keine Mitgift bekommen werde, dass es kaum eine Chance habe, einen Mann zu finden, und also werde arbeiten müssen. Sie vertraut den Heften ihre Ängste, ihre Befürchtungen und die Heuchelei ihrer Tanten an, die ihre Söhne von Saint-Maurice fern halten, da diese den Fräulein des Hauses den Hof machen könnten… man soll ja den Teufel nicht in Versuchung bringen. Es ist auch ein Tagebuch über die Natur, die Flora und die Fauna des Bugey, über die vertrauten Tiere und den Garten von Saint-Maurice, die Unruhen des Frühlings, den Duft der Linden im Juni. Sie erzählt auch von den Familiendramen, dem Tod der Tante, ihres Bruders François, dem Einzug in das eisige Saint-Maurice, wo sie die Ecole des Chartes vorbereitet, und von den ersten Schritten ihres Bruders Antoine in Paris, wohin sie ihm bald nacheilt. Sie wohnt in dem Mädchenpensionat ihrer Tante von Nitray, Rue de Tournon, kann aber ihrem Bruder in seinem freizügigen und fröhlichen Leben nicht folgen. Es verbindet sie zwar eine gegenseitige Zuneigung und echte Geschwisterliebe, jedoch kein Verständnis auf

intellektueller Ebene, und nicht einmal ein gemeinsames Alltagsleben ist möglich. Simones Originalität, ihre eher konventionellen literarischen Anlagen, ihr Esprit und ihr Humor stehen den Zielen und Empfindungen Antoines gegenüber, dem allein Genialität anhaftet, mit dem sich Simone trotz ihrer Intelligenz und ihrer Sensibilität nicht messen kann. Ihre Pariser Jahre wird sie als eine amüsante Komödie zeichnen, doch von dieser Jugend im Halbschatten vermittelt sie in ihren Romanentwürfen eher traurige und bittere Bilder. Das Thema ist immer eine unglückliche Waise, die von einer Tante oder einer Großmutter in einem wunderbaren Schloss großgezogen wird, wo sie auf den Märchenprinzen wartet. *L'Oncle Léonce* und das *Journal XVI* sind von diesen Projekten noch die gelungensten. Sie wird keinen dieser Texte veröffentlichen, die im Zustand eines hand- oder maschinengeschriebenen Manuskripts existieren.
Die Abreise nach Indochina und der Verkauf von Saint-Maurice sind für sie wie Abschiede von ihrer Vergangenheit und ihrer Familie. Natürlich kehrt sie während der Ferien nach Frankreich zurück, zu ihrer Schwester, ihrer Mutter und ihren Neffen nach Agay, zu Antoine nach Paris, mit dem sie fliegt oder seine Freunde trifft. Antoine besucht sie 1934 in Indochina, als er zu Werbezwecken für Air France unterwegs ist. Aber diese Jahre im Fernen Osten werden sie fürs Leben zeichnen: Die Schönheit und der Zauber der Landschaften, die Sanftheit der indochinesischen Sitten, der Geist der religiösen und künstlerischen Tradi-

tionen prägen sie ebenso wie alle anderen, die dort gelebt haben. Aber auch die Schmerzen, die die japanische Besetzung oder der Tod geliebter Menschen während des Krieges in Indochina erzeugt haben. Denn Freundschaft hat für sie eine fundamentale Rolle gespielt und sie hat bis an ihr Lebensende Dutzende von Korrespondenzen mit alten Archivaren, Kollegen und Angestellten in Indochina, örtlichen Gelehrten, Verlegern, Journalisten, Medizinern, Akademikern und mit Freunden ihres Bruders unterhalten, die auch die ihren wurden. Ihr Zuhause stand immer für junge Schriftsteller, unbekannte oder hungernde Künstler und alle ihre Neffen offen und ihre zahlreichen Mittag- und Abendessen waren immer originell und komisch. Da sie auch häufig eingeladen war und viel ausging, brachte sie manchmal ihre Programme durcheinander. So eines Abends, als sie ihre Nichte und deren Mann mit einigen Unbekannten in Paris zum Abendessen empfing, sich einen Mantel umwarf und auf die Treppe flüchtete, während sie rief: »Kümmere du dich als Hausherrin um das Essen, denn ich habe vergessen, dass man mich bei General Soundso zum Abendessen geladen hat…«

Die letzten Jahre ihres Lebens widmet sie gänzlich der Verteidigung und Verwaltung des Werks ihres Bruders. Sie stellt den Index der Themen der *Zitadelle* zusammen und bringt ihre Mutter dazu, die Briefe ihres Bruders den Nationalarchiven zu vermachen. Sie werden den Hauptteil der *Briefe an seine Mutter* bilden, die sie mit ihrer Mutter vorbereitet. Sie durchreist

ganz Frankreich, um Reden zu halten, unterstützt wohlwollend die Saint-Exupéry-Zentren, die nach dem Krieg überall in Frankreich eröffnet werden, und repräsentiert die Familie bei Einweihungen von Straßen, Schulen und Gebäuden. Sie wird zu einer vertrauten Gestalt in Nizza wie in Divonne, Lyon und im Bugey, wohin sie oft zurückkehrt. Sie wirkt bei mehreren Kollektivveröffentlichungen über ihren Bruder mit – *Confluences, Icare,* »Genie und Wirklichkeit« – und bringt Zeitungen und Zeitschriften dazu, Artikel über ihn zu drucken. Sie schreibt auch weiter für sich, Novellen und Romane, veröffentlicht jedoch nichts außer einem bemerkenswerten Text über den Krieg in Indochina 1953 in der Zeitschrift *Œuvres libres* mit dem Titel »Le Lieutenant, la dame et le singe« (»Der Leutnant, die Dame und der Affe«). Sie bleibt bescheiden im Schatten ihres Bruders.
Am besten erkennen wir Simones Wesen in den Erinnerungen an ihre Kindheit. Und dennoch blieb ihr gelungenstes Manuskript, das sie uns hinterlassen hat, das für uns nachhaltigste, das uns nächste, *Fünf Kinder in einem Park,* unvollendet. Das Buch hätte die Krönung ihrer Karriere als »Femme de lettres« werden können, doch sie wollte es nie beenden, nie veröffentlichen. Warum? Das bleibt ein wohl behütetes Geheimnis. Aus Angst, die Intimsphäre der Familie zu verraten? Erinnerungen, die nur noch ihr und ihrer Schwester gehörten? Wir haben beschlossen, es zum hundertjährigen Geburtstag von Antoine zu veröffentlichen, denn es ist ein grundlegender Text

über seine Kindheit und die besondere Atmosphäre von Lyon und Saint-Maurice. Simones Erinnerungen, die sicherlich durch das Wiederlesen ihres Tagebuchs belebt wurden, sind von einer unübertroffenen Frische und Spontaneität. Simone de Saint-Exupéry befleißigt sich eines altmodischen, sehr humorvollen Tons und der Rhythmus ihrer Erzählung lässt an einen Film denken. Ein Drehbuch wäre unnötig; wenn man ihn drehen müsste, wäre alles vorhanden, die Kamerafahrt, die Zooms, die Charakterstudien, die Großaufnahmen, die Gruppenszenen sowie die Szenen für Innen- und Außenaufnahmen. Wir sehen uns mit Personen aus einer anderen Zeit, von einem anderen Schlag konfrontiert, die Gestalt annehmen, mit einem Leben, das tausend Jahre zurückzuliegen scheint, mit alten, längst überholten Sitten. Die Aristokratie war in ihrem Denken und ihrer Lebensart ihrer Zeit voraus, lag aber in ihren moralischen und politischen Vorstellungen um hundert Jahre zurück. Und in dieser Welt, die für immer vergangen und fast zur Legende und zum Märchen geworden ist, beschwört sie für uns die Höhen und Tiefen von fünf Kindern, denen allen die Liebe zur Natur, zu den Tieren, den Blumen und den Sonnenuntergängen, die Dankbarkeit gegenüber dem Schöpfer und die Hingabe an ihre Mutter, die Freude an Possen, Spielen und Gelächter, die Liebe zu ihrem Nächsten, zur Freiheit und Achtung der anderen gemeinsam sind. Diese Kinder haben auch etliche Begabungen wie zum Beispiel die Musik, so singen sie alle, spielen Klavier oder Geige, Marie, Antoine und Didi zeichnen und malen, Antoine, Biche und Simone schreiben. Die Naturwissenschaften wie Insektenkunde, Botanik und Vogelkunde nehmen einen großen Platz in ihrer Erziehung ein. Sie spielen Komödien und Scharaden, schreiben Stücke und Revuen und erfinden Motoren und Maschinen. Eine wunderbare, heile Welt, während der Sturm des Ersten Weltkriegs aufzieht und die Schwierigkeiten über die Familie einfallen werden.

Doch sie haben alle aus ihrer Erziehung und der Liebe zu ihrer Mutter, ihrem Vorbild, geschöpft und den Honig eingefahren, der notwendig ist, um die Prüfungen des Lebens mit Mut und Würde zu überstehen. »Es gab irgendwo einen Park, der voller schwarzer Tannen und Linden stand, und ein altes Haus, das ich liebte. Ganz gleich, ob es weit weg oder nahe war, ganz gleich, dass es mich weder in meiner Haut wärmen noch mir Schutz geben konnte und hier auf die Rolle des Traums reduziert war: Es genügte, dass es existierte, um meine Nacht mit seiner Anwesenheit zu füllen. Ich war nicht mehr dieser Körper, der an einen Strand gespült worden war, ich hatte eine Richtung, ich war das Kind dieses Hauses, voll von Erinnerungen an seine Gerüche, voll von der Kühle seiner Flure, voll von den Stimmen, die es belebt hatten*«, schreibt Antoine, der berühmteste

* Antoine de Saint-Exupéry: *Wind, Sand und Sterne* (*Terre des hommes*, Paris 1939).

unter ihnen, der sich zweifellos nie wirklich löst, der diese Kindheit und dieses Heimweh nach Saint-Maurice sein ganzes Leben mit sich herumtragen wird und auf alle wie ein großes Kind wirkt: »Woher komme ich? Ich komme aus meiner Kindheit wie aus einem Land*.«

Tante Monot sei gedankt, weil sie eine Ecke des Schleiers gehoben hat und uns einen Einblick in die Farben, die Töne, die Akteure und die Bilder dieser Kindheit gewährte. Schließen wir die Augen, atmen wir den Duft der Linden ein und begeben wir uns in den Park…

Frédéric d'Agay

* Antoine de Saint-Exupéry: *Flug nach Arras* (*Pilote de guerre*, Paris 1942).

Hinweis

Das Manuskript von *Fünf Kinder in einem Park* besteht aus sechs Ordnern, von denen fünf ausschließlich die Texte der zwei ersten Teile umfassen und nur der sechste den letzten Teil betrifft. Von den Kapiteln sind mehrere Versionen erhalten, meist maschinengeschrieben und von Simone de Saint-Exupéry handschriftlich korrigiert. Für die Fertigung des Textes ist die nachweislich letzte Version mit den allerletzten, handschriftlich eingetragenen Korrekturen berücksichtigt worden. Die Reihenfolge der Kapitel richtet sich nach mehreren Manuskriptentwürfen, die Simone de Saint-Exupéry hinterlassen hat; nur der dritte Teil des Textes ist unvollendet.
Alle Zitate von Antoine de Saint-Exupéry beruhen auf der zweibändigen Gesamtausgabe seiner Werke, die in der »Bibliothèque de la Pléiade« erschienen ist.

Einige Kapitel des Manuskripts sind schon zu Lebzeiten Simone de Saint-Exupérys in Zeitschriften vorveröffentlicht worden.

»Vacances de Pâques« in: *Résonances*, Nr. 40, 15. April 1956, S. 26–28;
»La Patrie de l'enfance« in: *Icare,* Nr. 69, Sommer/Herbst 1974, S. 59–65.
Wir geben diese Texte in der gegenwärtigen Ausgabe nicht wieder, um die Kontinuität der Erzählung nicht zu stören und jede Wiederholung zu vermeiden.

Die weiße Straße schließt die Felder geradlinig ab. Schnurgerade fünfzehnhundert Meter durch das grüne Land. Von der Kreuzung Ambérieu-Leyment aus erblickt man schon die dunkle Kieferngruppe. Mein Herz klopft. Die Zeit löst sich auf und die Vergangenheit wird lebendig.
Langsam, um nichts von den Bildern zu verlieren, die auftauchen, lächelnd: »...aber ja... wir sind da... wir erwarten dich...«, fahre ich auf der weißen Straße.
Nein, nicht alles ist gleich geblieben. Man hat die Bäume gefällt und einen neuen Weg gelegt. Oben auf der kleinen Anhöhe erhebt sich das Gittertor. Es ist verrostet. Das Gittertor, das sich früher so hell gegen den dunklen Hintergrund der Kiefern abhob, ist nur noch trauriger Schrott. Ich steige aus und öffne die Tür. Früher war sie immer verschlossen und wir sind stolz und zitternd ob unserer Kühnheit darüber gestiegen. Heute ist sie von vornherein offen. Sie hat keine Geheimnisse mehr zu hüten.
Da ist also der Kiefernwald, die lange Allee, rutschig

Simone, François und Gabrielle de Saint-Exupéry am Gittertor des Schlosses Saint-Maurice-de-Rémens.

von den Nadeln, die die Schritte dämpfen, der vom Moos watteweiche Boden entlang der Hecke. Die Hecke? Wo ist die Hecke? Sie haben die schöne Hecke mit ihren grünen und roten Äpfelchen und ihren langen, leuchtenden Dornen abgeholzt. Sie haben auch die Tannen gefällt. Ich werde nicht weitergehen. Das ist schon zu viel. Ich will meine schönen Bilder nicht gegen weniger schöne eintauschen.
Ich setze mich auf das Moos. Es ist kümmerlich. Es hat nicht mehr den kühlen Schutz der herunterhängenden Zweige, die nur düsteres Tageslicht durchsickern ließen, über das wiederum winzige Sonnen-

Die große Schlossallee.

Die Schlossfassade zum Park hin.

strahlen huschten und das von tanzenden Lichtern gesprenkelt war.

Zwischen den rosigen Baumstümpfen glänzen die Rasenflächen. Noch einige Schritte und ich werde die Linden sehen, das Haus. Kinder spielen und ich höre in weiter Ferne ihre Stimmen, die rufen und antworten. Ein Internat hat uns ersetzt. Gut. Sie spielen, wie wir als Kinder gespielt haben. Nur weshalb hat man ihnen nicht die Bäume, die Hecke und das geschlossene Gittertor gelassen? Eine geschlossene Tür ist wie die Schwelle zu einem Geheimnis. Man öffnet sie mit einem Finger auf den Lippen und das Kinderherz klopft.

Die Bäume sind wunderbare Orte, wo die Kinder jeden Tag ein sich wandelndes Leben im Spiel des

Windes neu erbauen. Ohne Bäume muss das Leben auf einem Schulhof monoton sein.
Eine Glocke wird hörbar; es ist die Glocke, die mit zwei Schlägen zum Essen rief. Die Kinder gehen sich die Hände waschen, nehmen im Refektorium Platz und sind unter sich; wir dagegen haben mit den Erwachsenen gegessen.
Die Stimmen der Kinder entfernen sich. Stille umgibt mich und lässt die tausend Stimmen der Erde wieder ertönen. Ein Buchfink zwitschert, Bienen summen. Der Wind liebkost die Zweige der sanft rauschenden Tannen. Was sagt die Meise über meinem Kopf? Was sagt der Wind, der meine Wange streichelt? Ihre Sprache ist mir vertraut. Sie erinnern sich... Sie erzählen... Sie sagen...: »Einst spielten fünf Kinder in diesem Park...«
Und ich lausche...

Die Heimat der Kindheit

Von links nach rechts: François, Gabrielle (auf dem Karren), Marie-Madeleine, Antoine und Simone de Saint-Exupéry im Schlosspark.

Fünf Kinder in einem Park

Fünf Kinder spielen in einem Park. Wie wenig sie einander ähneln! Welche Laune der Natur hat sie so unterschiedlich werden lassen? Dieses kleine, pausbäckige Mädchen mit dem Heiligenschein aus schwarzen, bläulich schimmernden Locken ist Marie-Madeleine, Bébé, Biche genannt. Sie ist weniger laut als ihre Brüder und Schwestern, deren Schreie die Luft erfüllen. Sie liebt die ruhigen Spiele, bei denen man nachdenken und etwas Neues lernen kann. Sie beugt sich über Puzzles mit dreihundert Teilen. Sie hat Alben voller Postkarten mit Blumen oder Landschaften und denkt sich Reisen in unbekannte Länder aus, ohne zu ahnen, dass sie allzu früh zu der großen Reise aufbrechen wird, von der man nicht zurückkommt. Abends betrachtet sie vor dem Schlafengehen den glitzernden Himmel und fragt nach den Namen der Sterne.

Vor allem anderen liebt sie die Pflanzen und die Tiere. Sie macht sich mit ihrem Botanikbuch zu einem Spaziergang auf und sagt bei der Rückkehr: »Der Spaziergang war scheußlich. Ich habe nichts gefunden.« Wenn der Spaziergang schön war, ordnet sie ihre Funde liebevoll in ein Herbarium ein, nimmt dann ihren Malkasten zur Hand und versucht, ihre Freundinnen, die Blumen, abzubilden. Bald gibt sie ihr Herbarium auf, weil man Pflanzen, die vielleicht leiden wie wir, nicht pflücken darf, und sie wird ärgerlich, wenn ihre weniger gewissenhaften Brüder und Schwestern die Blumenbeete plündern, um Sträuße zu binden.

Besucher kommen. Sie wird überall gesucht, um guten Tag zu sagen, was ihre jüngeren Geschwister liebend gern tun. Sie hat sich in ihr chinesisches Zimmer unter dem Dach geflüchtet, denn sie verabscheut »diese Menschen«. Oder sie geht ins Gewächshaus und beugt sich liebevoll über Töpfe, wo geheimnisvolle Pflanzen sich zu einer kleinen Zunge von einem grellen Grün erkühnen.

»Was für ein Glück, der Dattelkern hat gekeimt!«

Oder sie setzt sich unter einen Baum und regt sich nicht, um die Vögel nicht aufzuscheuchen. Sie bringt ihnen zu fressen und die neugierigen und gefräßigen Meisen kommen nach und nach näher und frrrt... stürzen sich auf ihre Hand, die ihnen Brot entgegenhält. Sie streiten sich darum, denn die Meisen haben einen schlechten Charakter. Der scheuere Buchfink hüpft neben sie und sieht zu ihr auf, wobei er seinen kleinen braunen Kopf hin und her dreht.

Im Winter, wenn der ganze Park unter dem Schnee verschwindet, streut sie Körner an vereinbarte Plätze und die hungrigen Vögel, die zum Schutz gegen die

Marie-Madeleine de Saint-Exupéry, die Älteste der Familie.

Kälte ihr Gefieder aufgeplustert haben, fliegen herbei und picken, während sie aufgeregt piepsen.
Hat dieses scheue und so sensible Kind, bei dem ein ungeschicktes oder unnatürliches Wort eine manchmal endgültige Barriere zwischen ihm und seinem Gesprächspartner aufrichtet, nicht Recht, wenn es den »Menschen« diese Freunde vorzieht, die sich immer gleich bleiben und deren Gesellschaft niemals enttäuschend ist, weil sie es verstehen, sich großherzig zu geben und sich ohne Verrat zurückzunehmen? Nachdem sie sie studiert und in ihre Alben gemalt hat, wird sie versuchen, sie zu beschreiben. Und sie wird mit kleinen Erzählungen beginnen, in denen sie sie in Szene setzt und sie sprechen lässt.
Biches Salon ist der Park.

*

Simone, Monot genannt, die um ein Jahr und einen Tag jüngere Schwester, bringt ihre ältere Schwester zur Verzweiflung, da sie nichts ernst nimmt. »Sie macht sich lustig«, seufzt Biche. Ihre Fröhlichkeit versiegt nie. Alles ist ein Vorwand für Freude, Lachen und neue Abenteuer. Jeden Morgen ist das Leben ein erneutes Wunder trotz des Fräuleins, trotz der Aufsätze in Geografie, der romanischen Geschichte (Ach! Diese Departements, diese Kanäle... Hasdrubal, Hamilkar!), trotz des Nachtischentzugs, den sie durch ihren kauzigen Humor und ihr unabhängiges Wesen und durch ihre – es lässt sich nicht

Simone de Saint-Exupéry.

leugnen – Frechheit verordnet bekommt. Die Gouvernanten sind in einer schwierigen Lage. Sie folgen in immer kürzeren Abständen aufeinander, bis schließlich Mademoiselle Marguerite (kurz: Moisi) anreist. Sanft und nicht zu erschüttern bleibt sie ebenso lange in Saint-Maurice wie wir.

Doch selbst wenn Simone die Dinge nicht so tragisch nimmt, so hat sie doch ein gutes Herz; sie verabscheut

das Böse und das Leid bei anderen noch mehr als bei sich selbst. Die Welt sollte sich ihrer Ansicht nach unter dem Zeichen der Freude entwickeln. Und da hüllt plötzlich der Regen die vertraute Landschaft in ein Trauergewand. Die Kälte hat die goldenen Platanenblätter schrumpeln lassen und die Blumenbeete in einer Nacht verwüstet. Es gibt zu viel Elend auf dieser Erde: Die Dahlien sind erfroren, Carabi hat der kleinen Katze den Hals umgedreht und Monot schluchzt während ihrer Klavierstunde; die Zwergmäuse sind entwischt, ein Hahn ist in seinem Käfig vergessen worden und ist verhungert. Es ist schrecklich.
Zum Glück hat sie wie Biche die Gabe, all dem entfliehen zu können: Sie erzählt sich Geschichten. Während der täglichen Spaziergänge begibt sie sich in die Gesellschaft von Feen, Königen, Königinnen und Tieren, die sprechen. Sie denkt sich illustrierte Tagebücher aus, in denen sie sich mit ihrer Freundin Régine austauscht. Und auch die Abenteuer von Dr. Tintamardais, Olympia und Regno sind endlos. Und da ist auch schon die Sonne wieder! Jetzt muss man nur schnell hinauslaufen und auf die Bäume klettern, von wo man auf die ganze Welt pfeifen kann. Mit einer Kiste, die man auf zwei Zweige stellt, spielt man Waldmensch. Man kann auch in aller Ruhe den letzten Roman von Delly lesen. Um einen herum befragen einander die Vögel und betrachten einen verblüfft. Es lebe die Freiheit!

*

Was für eine Freude, nach zwei Mädchen einen Sohn zu bekommen! Die junge Mutter lässt sich die Wiege ganz nahe an ihr Bett schieben und zeigt stolz das Kind vor: »Mein Sohn Antoine!« Antoine, Tonio genannt, ist ein hinreißender Junge. Seine blond gelockten Haare verleihen ihm einen strahlenden Heiligenschein und man nennt ihn auch den Sonnenkönig. Er hat große braune Augen mit langen Wimpern, einen hübschen, wohlgeschwungenen Mund und eine ungewöhnlich ausgeprägte Stirn. Seine kurze Nase biegt sich an der Spitze leicht nach oben, weswegen ihn im Internat von Mongré sein Schulkamerad Barjon, ein späterer Jesuit, »Mondstupser« nennen wird. Diese stark ausgeformte Nase fügt sich gut an die Stirn. Und wie sollten Ideen und Empfindungen auch nicht durch diese weit geöffneten Nasenflügel zuströmen? Wie sollten sie sich auch nicht hinter dieser Stirn, einem wahren Resonanzkasten, weiterentwickeln, dort ihre Schwingungsweite und Klangfülle finden? Die Fantasie dehnt und weitet dann in friedlichen Spiralen die Ausbeute der Beobachtung und der Erinnerung aus. Ja, es wird sich hinter dieser gewaltigen Stirn behaglich nachdenken lassen. Antoines Hirn ist unaufhörlich in Bewegung. Das ist ihm ebenso selbstverständlich wie die Atmung durch die Lunge. Wirklich, seine Mutter hat dieses Kind während ihrer Schwangerschaft mit Glück geformt und zur Reife gebracht.

Ist Antoine wie seine Schwester Monot abhängig von der Außenwelt? Kann er sie genießen und muss er

Antoine de Saint-Exupéry 1907 im Schlosspark.

auch unter ihr leiden? Gewiss, denn seine Empfindsamkeit ist außergewöhnlich. Wenn er auch viel bekommt, so gibt er noch mehr. Seine Großzügigkeit ist unerschöpflich. »Er hat Geschmeide für alle« (Léon-Paul Fargue). Doch auch er verfügt über seine Möglichkeit zur Flucht. Es ist die kleine Fabrik, die er im Kopf hat. Immer neue Einfälle. Kaum ist die Ernte eingefahren, gärt und keimt sie. Er zieht Schlüsse, entwickelt Theorien und baut Maschinen.

Diese Liebe zur Theorie wird sich später auch in seinem Interesse für Philosophie zeigen. Geht die Liebe zur Mechanik dieser tatsächlich voraus? Woher stammt der erste Motor, den Antoine in einem Kasten wie einen Edelstein in seinem Schrein transportiert? Auch sein jüngerer Bruder François entwickelt eine Leidenschaft für dieses schreckliche Objekt, das irgendwie einem Verdampfer ähnelt. Die Hände schwarz von Wagenschmiere und ölbesudelt, beugen sich alle beide über ihr Wunderkind und tauschen Prognosen und Tipps aus. Als dieses nach einigen Ermutigungen zu hüsteln und loszuknattern geruht, verfallen beide ins Schwärmen.

Als ihn Antoine an einem unseligen Tag einen Augenblick François anvertraut und dieser ihn in Bewegung setzt, explodiert der Motor nach einigem Röhren mit entsetzlichem Lärm. Ein Eisenstück trifft François an der Augenbraue. Einige Millimeter weiter unten wäre es eine Katastrophe gewesen. Antoine läuft zitternd herbei und sieht, wie sein Bruder mit blutüberströmtem Gesicht unter die Wasserpumpe im Hof gezerrt wird. Er stößt entsetzte Schreie aus: »François ist tot, François ist tot…«, und beruhigt sich erst wieder, als man ihm die nicht sehr tief gehende Verletzung zeigt, die sehr viel schlimmer hätte sein können. Der Motor wird konfisziert und Antoine richtet daraufhin seinen Forschungsdrang auf ein Fahrrad mit Segel.

Hat dieser Zwischenfall ihm das Gefühl von Verantwortung eingegeben, das ihm sehr bald schon Sorgen macht? Kann man das Leben der Menschen und die technischen und wissenschaftlichen Errungenschaften miteinander in Einklang bringen? In *Nachtflug* beugt sich Rivière über einen Verletzten bei der im Bau befindlichen Brücke und fragt sich, ob die Brücke den Preis eines zerschmetterten Gesichts wert sei. Die innere Debatte, die darauf folgt, hat ihren Ursprung zweifellos in einem Sommertag in Saint-Maurice, in einem störrischen Motor und dem blutüberströmten Gesicht eines kleinen Jungen.

*

François ist zwei Jahre jünger als Antoine. Er ist physisch von allen am besten ausgestattet. Er hat wunderschöne Augen mit langen Wimpern, schwarze gewellte Haare wie Biche und schöne rosige und seidig glänzende Wangen. Auch sein Verstand und seine Schlagfertigkeit sind unglaublich. Gefällig und drall wie er ist, wird er »Dickerchen« genannt. Seine deutschen Erzieherinnen sind ganz vernarrt in ihn. Eine erzählt begeistert, dass François, als er noch ein Baby gewesen sei, sich einen ganzen Nachmittag damit amüsieren konnte, in seinem kleinen Sessel sitzend, eine Erbsenschote zu enthülsen.

Ist diese Liebe zur Meditation einfach die Kunst, sich dem Leben zu überlassen? François bewundert seinen wirbelwindigen Bruder, hat aber keinerlei Respekt vor ihm. Er lässt sich nicht beherrschen. Als er einmal von Antoine, der will, dass man ihm zuhört, angefahren wird, prügeln sich die beiden Brüder so heftig, dass die ganze Nachbarschaft zusammenläuft. Zwei Minuten später sind sie wieder versöhnt und François lauscht entzückt Antoines Geschichten. Sie reden über Motoren, Flugzeuge und Eisenbahnen. Sie richten mit Schnüren und Konservendosen Telefone ein, auch wenn natürlich der Ton nicht weit trägt. So begabt wie François in Mathematik ist, so begabt ist er auch in Musik. Kaum kennt er die Noten, komponiert er schon kleine Melodien. Mit dreizehn fängt er an, Cello zu spielen, und macht schnell Fortschritte. Er hat einen lebhaften Humor. Unbeirrbar lässt er Pointen los, die von seinen Geschwistern nicht immer gut aufgenommen werden und noch weniger von den Erwachsenen. Doch hinter dem Anschein sarkastischer Gutmütigkeit verbirgt er ein leidenschaftliches Herz. Den Beweis dafür liefert er mit dreizehn Jahren, als eine zwanzigjährige, sehr hübsche Cousine für einige Tage nach Saint-Maurice zu Besuch kommt. Wie kann er ihr seine Bewunderung bezeu-

Antoines jüngerer Bruder François de Saint-Exupéry.

gen? Catherine steht frühmorgens auf, um die Dorfmesse um sechs Uhr zu besuchen. Der Herr Pfarrer ist verblüfft, als sie eines schönen Morgens in Begleitung dieses ritterlichen Dieners auftaucht. Um sie etwas häufiger zu sehen, steht er von nun an zur selben Stunde auf und geht an ihrer Seite andächtig zur Kommunion. Als sie Saint-Maurice schließlich wieder verlässt, vergießt er heiße Tränen. Aus dem Internat von Mongré, wo die beiden Brüder das erste Trimester 1915/16 verbringen, schreibt er ihr regelmäßig. Er beklagt sich über die Strenge der Aufseher, die Härte des Internats. Den harten Winter 1916/1917 wird er bei den Marienbrüdern in Fribourg nicht ertragen. Ein Herzrheumatismus lässt ihn langsam schwächer werden. Zu jener Zeit wusste man dies noch nicht zu behandeln. Im Juli, mitten im Glanz des Sommers, entschläft er friedlich, ergeben und begierig, in guter Ordnung zu sterben. Er setzt ein Testament für seinen älteren Bruder auf und hinterlässt ihm einen Dampfmotor, ein Fahrrad und einen Karabiner.

*

Die Letztgeborene, Gabrielle, Didi genannt, ist ein rosiges Mädchen mit blonden Locken, Grübchen und strahlendem Lächeln. Doch man verschätze sich nicht. Hinter den rundlichen Linien, den wehenden Locken und dem strahlenden Lächeln verbergen sich eine beherrschende Autorität und ein unbeugsamer Wille, kurz »ein Charakter«, eine Qualität, die heutzutage so selten ist. Didi vergießt heiße Tränen, als ihre älteren Geschwister, die sich als »ihre Eltern« bezeichnen, sie hart bestrafen und sie in ihrem Fliederhaus einsperren, weil sie ihre Anordnungen übertreten hat, das Angorakaninchen hat entkommen lassen oder sie finden irgendeinen anderen Vorwand.

Sie weint gerne und kann stundenlang stöhnen. Wenn sie sich jedoch für eine Sache entschieden hat, hält sie nichts davon ab, sie in die Tat umzusetzen. In ihrem Denken herrschen Ordnung, Methode und Folgerichtigkeit. Deshalb weint sie so häufig, denn sie erträgt keinerlei Beschränkung ihrer Freiheit oder ihrer Wünsche.

Als ihre Mutter, erschreckt von einem Diktat, das eine Herausforderung an die Rechtschreibung ist (die Fräulein unterrichteten besser Deutsch als Französisch), beschließt, sie in ein Pensionat zu schicken, gleicht dies einem Drama. Didi weint ohne Unterlass. Mesdemoiselles Champalay, zwei ebenso rundliche wie reizende und diplomatische Damen, deren Institution in Lyon sehr geschätzt wird, schaffen es nicht, diese junge, störrische Person zu zähmen. Bei jedem neuen Schulanfang empfängt Didi, vor Tränen zerfließend, die verschwenderischen Tröstungen und Ratschläge dieser Damen, die entzückt sind, ihre Schülerin wiederzuhaben. Die Nazarenerinnen, die ihnen nachfolgen, haben hingegen mehr Erfolg. Didi schreibt aus Boulouris im Var Briefe von erbauli-

Gabrielle de Saint-Exupéry, Didi genannt.

chem Ernst, aus denen die orthografischen Fehler verschwunden sind. Sie treibt die Willfährigkeit so weit, dass sie in den Chor von Saint-Joseph eintritt. Der Zugang dazu ist durch sechs Stufen abgesteckt, die sechs Freuden des heiligen Joseph, die infolge einer vorbildlichen Führung nacheinander zu überwinden sind. Auf diese Weise regte man in Nazareth den Eifer junger Leute an.

Eine Landwirtschaftsschule in der Schweiz schließt den Kreis ihrer Erziehung. Zwischendurch fand Didi in den Ferien ihr Königreich von Saint-Maurice wieder: den Garten, den Hühnerhof, die Blumen, die Besuche im Dorf, wo sie jeder kennt und man ihr mit

Kuchen, schwarzem Johannisbeersaft oder Nusswein ein Fest bereitet. Beim Chorgesang, bei dem sie sich mit ihrer Mutter am Harmonium abwechselt, erhebt sich bei den Soli ihre reine Stimme. »Das ist Mademoiselle Didi«, flüstern die entzückten Pfarrkinder. Einige Männer steigen verstohlen auf die Empore, um zu lauschen. In der Kirche von Saint-Maurice gibt es wenig Männer. »Die Kirche ist eine Zerstreuung für die Frauen. Da vergeht ihnen die Zeit.«

Im *Südkurier* hat Antoine unter dem Namen Geneviève mehrere Frauen verkörpert. Das Kind Geneviève ist seine kleine Schwester. »Sie waren«, meinte er, »so wohl behütet von diesem Haus und drumherum von diesem lebendigen Gewand der Erde. Sie haben so viele Bündnisse mit den Linden, den Eichen und den weidenden Herden geschlossen, dass wir sie ihre Prinzessin nannten [...].« Und noch einmal: »Du erschienst uns unsterblich, wie du so eng mit den Dingen verbunden warst, der Dinge, deiner Gedanken und deiner Zukunft so sicher; du herrschtest... [...] du stütztest dich auf dein Heidekraut, deine Bienen, deine Ziegen, deine Sterne [...] du bezogst dein Vertrauen aus diesem ganzen Leben, das sich sowohl um dich herum im nächtlichen Frieden als auch in dir selbst regte [...] für dieses unaussprechliche und dennoch sichere Schicksal.«

Die Linden von Saint-Maurice haben gesehen, wie Didi eine junge, sorgsame Mutter wurde und dem Schatten der Bäume blonde und braune Köpfe anvertraute...

Die Linden sind nicht mehr da. Andere Kinder spielen nun dort… Die nun weiter entfernten Buchfinken singen noch immer. Bestimmt hören die Kinder sie auch.

»Ich bin meine Kindheit«, hat Antoine gesagt, »[…] ich bin nicht wirklich sicher, ob ich seit der Kindheit gelebt habe.«

Die Tante

Die fünf Kinder sind Waisen. Ihr Vater Jean de Saint-Exupéry stirbt inmitten großen Glücks nach der Geburt seines fünften Kindes Gabrielle mit einundvierzig Jahren.

Was wird aus der jungen, gramgebeugten Witwe? Sie fängt sich wieder durch die Aufgabe, fünf Kinder zu erziehen. Allein? Nein, Tante de Tricaud ist da. Sie hat ihrer Nichte Marie de Fonscolombe als Briefpartnerin gedient, als jene das väterliche Schloss de la Mole verlassen hat, um im Sacre-Cœur von Lyon zur Schule zu gehen. Dann hat sie sie in die Welt eingeführt und mit einem jungen Versicherungsbeamten verheiratet, dem Vicomte Jean de Saint-Exupéry. Das Paar wohnte in Lyon in der Rue de Peyrat, und zwar in einer Wohnung, die ganz in der Nähe von der der Tante de Tricaud lag.

Und so wohnt die junge Witwe weiterhin während des Winters in Lyon und ihre Tante nimmt die beiden Ältesten bei sich auf, um sie etwas zu entlasten. Der Sommer vereint sie schließlich wieder in Saint-

Jean, Vicomte de Saint-Exupéry (1863–1904), der zu früh verstorbene Vater.

Marie de Fonscolombe,
die Jean de Saint-Exupéry 1895 heiratete.

Die Kinder Saint-Exupéry mit ihrer Mutter, der Tante und dem Fräulein in der Lindenallee.

Maurice-de-Remens in Ain*, wo das Heim ihrer Tante das ihre wird. Die Zuneigung, die sie für einander empfinden, wird die Schwierigkeiten glätten, die durch die große Gegensätzlichkeit der beiden Frauen entstehen könnten.

Unsere Mutter ist ein sehr offener Mensch. Da sie sehr unabhängig ist, wird sie nur nachhaltig durch Äußerungen des Verstandes, der Kunst oder auch der

* Dep. Rhône Alpes (Anm. d. Ü.).

Gabrielle de Lestrange, Comtesse de Tricaud, die von den Kindern »Tante« genannt wurde.

Religion beeinflusst. Sie glaubt fest an Gott, aber auch an den menschlichen Fortschritt. Als entschlossene Optimistin ist sie der Zukunft zugewandt.
Die Tante hingegen entstammt einer fast gänzlich verschwundenen Generation. Ihre Persönlichkeit wurde durch die wirtschaftlichen und sozialen Gewohnheiten eines anderen Zeitalters geprägt, den rasanten Umwälzungen der Geschichte war sie sich nicht bewusst. Sie stammt aus einer Epoche der Stabilität. Sicherlich, es brodelte an der Oberfläche. Die Königreiche zerfielen, die Republik folgte auf das Empire. Doch wenn auch die Bedachungen wechselten, so blieben das Gebäude und seine Fundamente unverändert. Das Vertrauen in eine Währung, die durch Gold und durch Boden gesichert war, zwei unzerstörbare Elemente, war ebenso gefestigt wie der Respekt vor den sozialen Strukturen, die die Revolution vorübergehend erschüttert hatte. Die Kirche war zwar aus schrecklichen Prüfungen verarmt, in gewisser Weise jedoch gereinigt hervorgegangen, die Märtyrerpalme ziemlich hochhaltend. Der Priester war noch immer der Ratgeber und Führer. Man lauschte respektvoll seinen Gebeten, denn er verwahrte die einzige Wahrheit, obwohl er sie manchmal mit einem übertriebenen Lyrismus kundtat. Die Furcht vor den ewigen Strafen ebenso wie die vor dem Gendarmen hielt die Sitten zusammen. Die Kinder respektierten ihre Eltern und gehorchten ihnen, weil sie sie weniger häufig sahen als heute und das bunte Durcheinander nicht immer Respekt erzeugt.

Noémie, Nana genannt, das Zimmermädchen der Comtesse de Tricaud.

Die Tante hat also das Vertrauen und die Autorität, welche die Beständigkeit und die Sicherheit verleihen, auf dem rechten Weg zu sein und zwischen Mauern zu leben, die einem nicht auf den Kopf fallen. Sie hat wenig Innenleben und nach der Definition, die man den Menschen aus dem Mittelmeerraum gegeben hat, denkt sie nur, wenn sie spricht. Sie braucht auch Gesellschaft, denn sie liest nichts bis auf Zeitungen: *Le Nouvelliste* und in Lyon *L'Eclair. Le Progrès* wird für »fortschrittlich« gehalten und sie hasst Zahlen. Ihr Zimmermädchen Noémie, Nana genannt, dient ihr als Sekretärin und Buchhalterin. Das Dominospiel und Bridge sind ihre einzigen buchhalterischen Tätigkeiten. Den bildenden Künsten bringt sie nur Gleichgültigkeit entgegen, während Musik für sie immerhin ein sympathisches Geräusch ist. Unerwarteterweise singt sie richtig, aber sie hat nur ein Wiegenlied behalten, das sie uns mit einer kleinen, heiseren Stimme vorsingt:

Do, do, l'enfant do…
L'enfant dormira bientôt.
L'enfant s'éveille,
Coupez-lui l'oreille etc.

(Schlafe, Kind, schlaf…
Das Kind schläft bald.
Wacht auf das Kind,
Trennt sein Ohr ab etc.)

Mit den Händen ist sie ungeschickt. Nana frisiert sie jeden Morgen, zaubert ihr ein künstlerisches Gebilde aus Locken, auf das ein Hauch Reispuder gestreut wird. Obwohl sie natürlich nie eine Nadel in der Hand gehabt hat, versucht sie sich dennoch im Stricken. Doch die Nasenschützer oder Schals, die unter ihren Händen entstehen, sind Zickzacklinien und Moisi und Nana, die beauftragt werden, sie zu verteilen, betrachten sie bestürzt. Während des Krieges von 1914–1918 strickte sie sehr viel, was man jedoch nicht einmal den tapferen Kriegern zu geben wagte. Die Sachen landeten bei den Barmherzigen Schwestern von Saint-Vincent-de-Paul und die konnten damit machen, was sie wollten.

Die Generation der Tante mag keine Tiere. Unsere viel geliebten Hunde durften das Haus niemals betreten. An den besonders heißen Tagen, an denen die glühend heiße Luft erstickend ist, klettert Carabi, von den kühlen Fliesen der Halle in Versuchung geführt, diskret die Freitreppe hinauf und versucht, sich hinter einem Sessel zu verbergen. Schnell ist er entdeckt und vertrieben. Mit hängendem Schwanz tappt er schließlich von dannen, wobei er uns einen Blick zuwirft, der besagen will: »Pech gehabt!«

Was die Katzen angeht, so haben diese bis zu Mademoiselle Marguerites Ankunft eine Existenz von Verfolgten geführt. Nur die Vögel haben ein Bürgerrecht. Vielleicht weil Biche sie liebt und die Tante mit ihrem warmen und leidenschaftlichen Herzen alles annimmt, was ihrem Liebling gefällt.

Bei der Erziehung, die sie genossen hat, ist ein Teil ihrer Begabungen verkümmert. Dafür füllt sie ihre Rolle als Schlossherrin auf wunderbare Weise mit Instinkt aus. Sie kennt alle Bewohner von Saint-Maurice mit Namen und Vornamen und empfängt fortwährend Besucher.

Denn sie ist jung geblieben. Sie liebt die Fröhlichkeit, geht gern aus und spielt und isst gern und gut. Eine ausgezeichnete Gesundheit und ein unbändiger Appetit begünstigen eine Euphorie, die nur im Win-

ter in Lyon durch ein paar harmlose Erkältungen und Verdauungsstörungen beeinträchtigt wird, woraufhin schnellstens Dr. Joannès Rendu herbeigerufen wird. Er kommt pünktlich gegen zehn Uhr. Sein Klingeln ist gebieterisch. Cyprien, der Kammerdiener, eilt herbei. Der Doktor hängt seinen Zylinder an den Garderobenhaken, seinen Mantel unter den Hut und tritt majestätisch im Gehrock, den Bart ordentlich auf einer hellen Weste ausgebreitet, bei der Tante ein.
Diese Minuten sind für uns historisch. Wir betrachten, vor Respekt versteinert, den Zylinder und Mantel. Cyprien zeigt sie uns feierlich. Doch diese Feierlichkeit hindert ihn eines Tages nicht daran, sich

Der Salon im Appartement von Lyon.

Die Tante in ihrem Zimmer in Saint-Maurice.

den Zylinder auf den Kopf zu setzen und uns einen kleinen Spaziergang über die Place Bellecour vorzuschlagen.

Hinter der Zimmertür, wo im Augenblick nur Nana ein- und ausgeht, spielen sich heilige Riten ab, die unsere Fantasie noch ausschmückt. In Wirklichkeit sind es immer die gleichen. Der Doktor bittet Nana um warmes Wasser, Seife und ein sauberes Tuch.

Nana führt ihn in den Waschraum, wo alles vorbereitet ist. Der Doktor zieht seinen Gehrock aus, krempelt die Hemdsärmel hoch, wäscht sich fünf Minuten lang die Hände, zieht den Gehrock wieder an und kehrt ins Zimmer zurück. Er hört die Tante lange ab. Danach wird der Puls gemessen, wobei die Augen auf die Uhr geheftet sind; dann wird die Temperatur gemessen, die Zunge herausgestreckt und mit dem gebeugten Zeigefinger auf den verhärteten Stellen herumgetastet. Und schließlich verschreibt er je nach Fall Zugpflaster oder Klistier, Abführmittel, keine richtige Diät, sondern leichtes Essen, denn man soll sich auch nicht schwächen: Hirn, Hühnerbrust, Kalbsnuss, Kaninchen, Taube, Kartoffelpüree etc. Kein rohes Gemüse, denn das reizt den Darm; als Nachtisch gekochtes Obst oder Pflaumen; ausgezeichnet, die Pflaumen…!

Die Tante, die genießerisch ist wie eine Katze, versucht, ein paar Zugeständnisse zu bekommen: »Und Wein, Herr Doktor? Kann ich Wein trinken?«

»Sehr wenig. Ein kleines Glas trockenen Weißwein.«

»Und Kaffee?«

»Klar. Kaffee ist ein gutes Anregungsmittel fürs Herz.«

»Eier?«

»Hm… Nicht zu viele. Ein kleines Omelett aus zwei ganz frischen Eiern. Abends kein Fleisch. Eher Fisch; aber Fisch aus dem Fluss, nicht aus dem Meer: Forellen, Saibling, Schleie… weder Karpfen noch Hecht…«

»Und Austern?«

»Austern gestehe ich Ihnen zu.«

»Muscheln?«, macht die Tante, kühn geworden, weiter.

»Nein, nein, keine Muscheln, weder mit noch ohne Sauce. Ganz allgemein, keine Saucen, vor allem keine scharfen Saucen. Und erkälten Sie sich nicht den Bauch. Schlafen Sie nicht bei offenem Fenster.«

»Niemals, Doktor, nicht einmal im Sommer.«

»Stehen Sie bei einem prasselnden Feuer auf! Und wenn Ihr Zimmer gemacht wird, öffnen Sie ein Viertelstündchen lang das Fenster, um frische Luft herein zu lassen. Aber gehen Sie ins Nebenzimmer, wo ebenfalls ein ordentliches Feuer brennen muss. In ihrem Alter sind Kälte und Zugluft die schlimmsten Feinde.«

Wenn der medizinische Teil beendet ist, setzt sich der Doktor, um mit der Tante zu plaudern, amüsiert sie mit seinen Klatschgeschichten. Er kommt nicht nur als Arzt, sondern auch als Freund. Die Tante ihrerseits redet über den einen und den anderen, jammert etwas herum, fragt ihn um Rat für ihre Verpachtungen, denn der Doktor ist ein kluger Mann. Ihre jeweiligen Familien sorgen für unerschöpflichen Diskussionsstoff, da die Lyonnaiser Familien kinderreich sind und die Tante, die kinderlos ist, zahllose Neffen und Nichten hat. Dann ruft man uns. Wir strecken die Zunge heraus. Der Doktor lässt uns, um uns abzuhören, unsere Hemden ganz tief herunterziehen und sein langer Bart berührt sanft unsere Haut. Sein Schädel mit der

Bürstenfrisur kitzelt mich am Kinn und lässt mich an einen Tintenwischer denken. Er findet uns zu blass und empfiehlt Hirn, stärkende Weine und Lebertran. Wie alle Kinder hatten und haben wir nacheinander Keuchhusten, Röteln, Masern, Mumps, Grippe, die bisher weder spanisch noch asiatisch ist, und werden ohne ein Arsenal von Medikamenten geheilt, nur durch die wirkungsvolle Kraft des Bartes von Doktor Rendu.

Der Winter vergeht und die Erkältungen werden weniger. Eine Mietkutsche aus Chambéry holt die Tante sonntags ab, damit sie zur Messe in die Charité gehen kann, eine Kirche, die heute zerstört ist. Diese Kirche gleicht einem Versammlungsort von Bettlern und Strolchen. Die Kranken des daneben liegenden Hospitals assistieren beim Gottesdienst und ihre Verbände verströmen einen mehr oder weniger Ekel erregenden Gestank, von dem mir schlecht wird. Für die Messe in der Charité, die alles mit Jod verpestet, habe ich nicht das Geringste übrig.

Fast immer kommen Gäste zum Mittagessen: unsere Freundin und Lehrerin, Anne-Marie Poncet, einer der unzähligen Neffen, und auch ein alter Pater von der ausländischen Mission lädt sich häufig ein. Onkel und Tante waren große Wohltäter für sein Kloster gewesen. Wenn ein Läuten uns mitten während des Essens aufscheucht, rufen wir: »Das ist Pater Soundso.« Der alte Pater hat keine Zähne mehr und man beeilt sich, ihm Spiegeleier zu bereiten. Es entgeht ihm weder ein Bissen noch ein Wort.

Wir haben ihn sehr gern, weil er sehr lustig ist und uns viel zum Lachen bringt, wenn er uns Geschichten über seine Mission in Afrika und seine schwarzen Pfarrkinder erzählt.
Die Bridgepartner gehören auch zum engen Kreis. Monsieur Dugas, Monsieur Groboz, alte, von Gicht heimgesuchte Junggesellen, die uns in die Wangen kneifen und uns mit Bonbons voll stopfen. Doch der am meisten Ersehnte, der am meisten Gefeierte ist Oberst de Saint-Didier. Er kommt gerne zum Essen ohne seine Frau, einer vornehmen Person, die vertrocknet und streng ist und bei den lustigen Streichen ihres Mannes keine Miene verzieht, während wir uns vor Lachen biegen. Er macht der Tante Avancen. Eines Abends gerät er über das mit großen Salzkörnern zubereitete Bresse-Huhn ins Schwärmen. Die Tante seufzt: »Die Feinschmeckerei ist die einzige Zerstreuung alter Frauen.« Da beugt sich der Oberst zu ihr und rollt mit den Augen: »Ah! Wenn Sie andere wollten… Gabrielle?…« Und wir stampfen vor Freude mit den Füßen.
Eine Einladung zum Abendessen folgt auf die andere. Cyprien begrüßt, in schwarzem Anzug und mit einem Lächeln, feierlich die Gäste. Die vertrauten widmen ihm alle am Eingang ein paar Worte. Wenn sie wieder gehen, schieben sie ihm ein Geldstück in die Hand. Wer diese gute Gewohnheit nicht angenommen hat oder es zu oft vergisst, wird zur Ordnung gerufen. Nana erzählt lachend, wie sie und Cyprien dem Widerspenstigsten eines Abends die Ta-

sche aufgetrennt haben und dass der Betreffende die Anspielung sehr gut verstanden habe. »Wir brauchten nicht wieder von vorn anzufangen«, meinte Nana abschließend.

Welche Haltung hat die Tante uns fünf, ihren Urgroßneffen, gegenüber?

Die Tante hat ihren Mann und ihr einziges Kind verloren, ein kleines Mädchen von drei Jahren. Sie hat auf ihre Großnichte, unsere Mutter, ihre ungenutzte Zuneigung übertragen. Kaum hat die junge Frau ihr Erstgeborenes zur Welt gebracht, nimmt sich die Tante mit Inbrunst des zerbrechlichen Geschöpfs an und Biche wird von nun an ihre Daseinsberechtigung, ihr Lebensmittelpunkt sein. Dieses kostbare Wesen vereint in sich alle Qualitäten und rechtfertigt alle Opfer. Und Biche zeigt sich dieser maßlosen Zuneigung würdig. Mit unvergleichlichem Takt und Feingefühl wird sie es verstehen, ihre Macht nicht zu missbrauchen, und Zuneigung mit Zuneigung vergelten.

Ich selbst, um ein Jahr und einen Tag jünger, werde mit Wohlwollen betrachtet und kann, wenn Biche nicht da ist, eine gewisse Wichtigkeit erlangen. Wenn Biche jedoch wieder auftaucht, kehre ich ins Nichts zurück.

Die Haltung gegenüber meinen Brüdern ist eine andere. Die Tante verfügt über eine ganz passable Einschätzung des männlichen Geschlechts. Sie liebt die Gesellschaft von Männern, erheitert sich an ihren Scherzen, bewundert ihr Wissen und hat absolutes

Vertrauen in ihr Urteil. Die Knaben sind allerdings, bis sie das männliche Alter erreicht haben, Übergangswesen zwischen Mensch und Tier. Sie sind laut, grobschlächtig, unordentlich, ungehorsam, machen alles kaputt, was sie anfassen, oder beschmutzen es unabwendbar. Die einzige Haltung, die man ihnen gegenüber einnehmen kann, sind ständiger Argwohn, denn sie sind zu allem fähig, und unbeugsame Strenge. Die einzige vernünftige Antwort auf eine Bitte dieser Geschöpfe ist ein kategorisches »Nein«, denn sie wollen nur unmögliche oder zumindest verbotene Dinge.

Unsere beiden Brüder erkennen instinktiv diese Gefühle, was sie keineswegs belastet, sie bemühen sich jedoch mit dem Instinkt ihres Alters, Zusammenstöße zu vermeiden. Meine Mutter ihrerseits ermutigt sie zur Diskretion. Nur wie kann man ihre überbordende Vitalität eindämmen? Die Reibungen werden unvermeidlich.

Was die Letztgeborene angeht, Didi, steht sie allein zwischen zwei Gruppen, von denen die beiden älteren Mädchen fast wie Zwillinge und die Jungen gleichsam ein Tandem sind, und so genießt sie die Stellung der Unantastbarkeit, die häufig durch eine übertriebene Nachsicht zum Ausdruck kommt und dann wieder durch unverdiente Strenge.

Das Leben verläuft auf diese Weise fast unverändert bis 1914. Die Katastrophe, die dann die Welt erschüttert, wirkt sich bei der Zivilbevölkerung weniger aus als bei dem nächsten Krieg. Sie bringt unsere Familie wieder zusammen, denn meine Mutter, die in

Ambérieu-en-Bugey eine Krankenstation eingerichtet hat, holt die beiden Jungen, damals im Internat von Mans, näher zu sich heran, das heißt zu den Marienbrüdern nach Fribourg.

Die wirtschaftliche Erschütterung hat jedoch einen tieferen Widerhall. Die Geldentwertung wirkt sich tief greifend auf die Einkommen aus, vor allem bei Einkommen aus Grundbesitz. Die Tante kann es kaum fassen, als ihr Verwalter, Monsieur Martin, ihr erklärt, dass man die Ausgaben einschränken müsse und vor allem während eines Teils des Jahres nicht mehr das Haus voll haben und einen Schwarm von Domestiken unterhalten dürfe. So werden Henri, der Kutscher, und seine Gattin Amélie, die Frau des Hühnerhofs, die beide während des Krieges gestorben sind, nicht mehr ersetzt. Die Eltern und Freunde, die den ganzen Sommer über aufeinander folgten, sind gänzlich überrascht, als sie ihren Aufenthalt verkürzen müssen. Doch empfängt die Tante sie immer noch mit so viel Freude in einer so warmen und fröhlichen Atmosphäre, dass sie treu jedes Jahr wieder kommen. Allein ihre kraftvolle Persönlichkeit belebt das große Haus. Nach dem Ableben der Tante wird das Haus ein wenig von seiner Seele verlieren. Biche wird nie darüber hinwegkommen. Und wir werden verwirrt auf der Suche nach einer verlorenen Vertrautheit von einem Raum zum anderen laufen und uns über die plötzliche Stille erstaunen.

Das Haus

Wenn man von hinten aus dem Park durch das Gittertor kommt, erahnt man es zwischen den hohen Schäften der Linden. Sie formen eine Ehrengarde. Unter ihrem Gewölbe wandelt sich das Dekor mit den Jahreszeiten. Bei Frühlingsbeginn im März wimmelt es von Himmelsschlüsseln. Dann kommen die Veilchen. Dann lassen große Dolden ihre weißen Spitzen unter den Behang der Zweige gleiten, und wenn die sich neigende Sonne sie vergoldet, bilden diese Brautschleier, die auf dem Moos erzittern, ein Zauberreich.

Im Juni erfüllen die Linden wie riesige Duftspender das Haus mit Wohlgeruch. Antoine ist gegen sie allergisch. Er kann sich nicht in ihren Schatten setzen, ohne von heftigen Kopfschmerzen überfallen zu werden. Liebt er die Natur wirklich? Er hat sie in seiner Erinnerung als Umfeld für seine Gedanken geliebt, für die Atmosphäre, die sie schuf. »Ich war dazu geboren, Gärtner zu werden«, wird er schreiben. In Wirklichkeit zieht er das Haus dem Garten vor. Wie viele Male finden wir ihn, wenn wir von einem Spaziergang oder einfach einem Lesestündchen unter den Bäumen zurückkommen, im Salon vor, in einen Sessel versunken, um ihn herum Blätter auf dem Teppich verstreut, seinen Gedanken nachhängend und, seit er rauchen kann, in einer Rauchwolke von Craven, seiner Lieblingszigarette.

Aus den drei Salonfenstern sieht man die Rasenflächen, von Büschen und Blumen gesäumt; dann folgen Wiesen und Getreidefelder bis hinauf zu den Bergen, deren Farben sich mit der Entfernung abschwächen: bläulich, violett, dunstig. Ein kurzer Blick genügt ihm. Er verliert sich kaum in der Betrachtung einer Landschaft. Er freut sich einfach, dass sie da ist.

Die Schlossbibliothek mit dem Billardtisch.

Neben dem Salon dient der Billardraum als Bibliothek. Der schlechte Louis-Philippe-Geschmack, der Boulle-Stil, Mahagoni und granatfarbener Samt mit großen Trotteln, hört an seiner Tür auf. Es gibt nur Platz für den immensen Billardtisch und einen riesigen Diwan, der mit indischen Tüchern bedeckt ist, aus denen man sich nur schwer lösen kann, wenn man sich einmal darin verfangen hat. Ein verglaster Bücherschrank tapeziert eine ganze Wand des Raumes.

Auf dem Billardtisch finden viele Zielkugelspiele statt, lebhafte Partien, bei denen der Herr Pfarrer als Erster eine Reihe spektakulärer Stöße macht, die uns mit Neid erfüllen. »Aber das ist nichts im Vergleich zu Billard«, sagt der Herr Pfarrer. Wir verachten jedoch das Billardspiel. Das ist ein Spiel für Erwachsene mit langen Stöcken, die die Spieler sorgfältig mit Kreide einreiben und geschickt zwischen Daumen und Zeigefinger gleiten lassen. Diese Bewegungen erscheinen uns absurd und gekünstelt, um nicht zu sagen »snobistisch«, ein Wort, dem Gyp* zu Erfolg verholfen hat. »Snobistisch« sind auch die Elfenbeinkugeln, von einem unvergleichlichen Glanz, aber schwer und kalt. Ihre vornehme Blässe steht im Kontrast zu unseren hübschen, bei dem Boulespiel verwendeten Zielkugeln, die warm in der Hand und von einem leuchtenden Gelb oder einem rötlichen Violett sind, weswegen wir sie »die Auberginen« nennen.

* Gräfin von Martel de Janville (geb. 1849), französische Schriftstellerin (Anm. d. Ü.).

Auf der anderen Seite der großen Halle, »das Vestibül« genannt, befindet sich das Esszimmer, der größte Raum im Haus und der einladendste. Sein Boden aus schwarz-weißen Fliesen mit einem gelbroten Geflecht entzückt durch seine Klarheit. Die Möbel sind aus heller Eiche mit vielen Schnitzereien, die Holztäfelung an den Wänden weicht durch eine kaum wahrnehmbare Zierleiste auf halber Höhe einer honigfarbenen Jutebespannung. Ein ländlicher Geruch, gemischt mit solchem aus frischem Brot und reifen Früchten, verleiht dem Raum einen behaglichen Duft.

Cyprien, der Kammerdiener, ist der Herr der Stätte.

Cyprien Lutzelschwab ist Schweizer. Wir fragen ihn nie nach seiner Familie. Er hat uns auf die Welt kommen sehen und gehört nun zu der unseren. Er ist ein eingefleischter Junggeselle und hat nur einmal von Heirat zu Noémie gesprochen, der Ratgeberin und Vertrauten der Tante, die wir Nana nennen. Nana, noch jung, ist mit einem Sohn Witwe geblieben. Sie könnte, um sich wieder zu verheiraten, sicherlich schlechter wählen. Sie hat jedoch Cyprien entschlossen abgewiesen. Um sich über seinen Misserfolg hinwegzutrösten, hat dieser angefangen zu trinken, zunächst ein wenig, dann viel. Und um nicht den ganzen Inhalt des Kellers aufzuzehren, zu dem er die Schlüssel hat, kauft er sich gewissenhaft seinen eigenen Wein. Und nur guten. Da seine Trunkenheit sentimentaler Art ist, fängt er leicht an zu weinen und an Tagen, an denen große Abendessen stattfinden,

Nana und Cyprien im Park »La Tête d'Or« in Lyon.

reicht er tränenüberströmt die Schüsseln. »Was für eine schlimme Nachricht hat Cyprien denn erhalten?«, fragen die Gäste bewegt.
Wir haben ihn sehr gern und deshalb haben wir ihn zuerst mit einem liebevollen Diminutiv genannt: Crapaud* Zizi. Im Alter der Vernunft erfahren wir, dass dieses Diminutiv, so zärtlich es auch gemeint sei, nicht korrekt ist. Wir haben Mühe, uns an den Namen Cyprien zu gewöhnen. Schließlich hat uns Crapaud auf die Welt kommen sehen. Das Kind Antoine trippelte ins Esszimmer, schüttelte seine goldenen Haare und Crapaud, der in brüllendes Gelächter ausbrach, lief dem »Monsieur le baron« zu Hilfe, als dieser auf den zu glatten Fliesen ausrutschte.
Seinem durch und durch Schweizer Charakter, der cholerisch und sentimental ist, fügt er noch die Lust an der Irreführung hinzu.
Eines Tages, als ich in *La Semaine de Suzette* vertieft bin, fragt er nebenbei: »Ist diese Zeitung interessant?«
»Oh! Sie ist sehr amüsant. Ich leihe sie Ihnen, Cyprien.«
»Ich kann weder lesen noch schreiben.«
»Oh! Nicht möglich!«
»Ja, doch. Als ich klein war, haben mich meine Eltern nicht in die Schule geschickt.«
Eine solch lieblose Kindheit regt mein Mitgefühl an.

* Frosch oder Knirps (Anm. d. Ü.).

»Ich werde Ihnen jeden Abend eine Stunde Unterricht geben, Cyprien.«

»Ah! Das ist sehr nett von Ihnen!«

Der Unterricht beginnt am selben Abend. Ich bin stolz und wichtig. Das Alphabet ist ein Kinderspiel: Cyprien behält es mit erstaunlicher Geschwindigkeit. Wir gehen zu Silben über: b, a, ba; b, i, bi; etc. Das Schreiben lernt er parallel und er formt seine Buchstaben mit viel Geschick. In der dritten Stunde liest und schreibt Cyprien fließend. In der vierten machen wir uns ans Diktat und ich korrigiere fleißig die Fehler. Cyprien nimmt seinen Text wieder entgegen, liest ihn noch einmal durch und sagt zu mir: »Sie haben einen vergessen.« Und er korrigiert ihn. Der Schüler ist der Lehrerin überlegen – ich bin verwirrt.

»Jetzt, da ich schreiben und lesen kann, könnte man etwas Arithmetik machen«, schlägt Cyprien vor.

»Sehr gut. Kennen Sie die Zahlen?«

»Ich kann bis zehn zählen…«

»Dann werde ich Ihnen das Addieren beibringen.«

Und ich schreibe die einen Zahlen unter die anderen.

»Das Addieren ist nicht amüsant«, sagt Cyprien. »Ich möchte lieber Dividieren.«

»Das ist für Sie zu schwierig.«

»Glauben Sie? Können Sie das?«

Und er schreibt eine Teilungsaufgabe mit vielen Dezimalstellen hin.

»Das ist viel zu schwer. Oh! Das schaffen Sie niemals.«

»Ich kann es zumindest versuchen.«
Ich bleibe mit dem Bleistift in der Luft sitzen, wittere eine anormale Auflösung. Nana interveniert.
»Das reicht. Gehen Sie spielen, mein Liebling. Sie sehen doch, dass er mehr weiß als Sie.«
Kindliche Reaktionen sind nicht vorhersehbar. Ich bin nicht verärgert. Nur erstaunt und leicht enttäuscht. Ich bin Cyprien nicht böse, weil er mir eine Komödie vorgespielt hat. Das kommt gar nicht in Frage. Kinder übernehmen gerne Verantwortung und nehmen sie ernst. Was mich nur verstört, ist, dass meine Anstrengungen umsonst und meine Würde als Lehrerin plötzlich dahin waren und zu einer lächerlichen Verkleidung geworden sind. Ich bin mir meiner Erniedrigung bewusst, gehe aber trällernd davon. Diese Possen-Stunden wurden nie mehr in Erinnerung gerufen.
Das Zimmer meiner Mutter und das, was wir, Biche und ich, bewohnen, liegen im Parterre. Sobald am Morgen die Fensterläden geöffnet sind, ist alles erfüllt vom Garten und wir kommen zu uns, während wir den Duft einatmen, der von der gewässerten Erde und den Blumenbeeten aufsteigt. In der ersten Etage hat jedes Zimmer seine Bestimmung. Da ist das Zimmer der Tante, das Zimmer der Großmama, das der Tante Mad, der jüngeren Schwester unserer Mutter. Das Zimmer mit zwei Betten ist den älteren Ehepaaren vorbehalten. Im Lindenzimmer logiert jeder, der vorbeikommt. Alle Betten haben einen Baldachin. Die Vorhänge mit dem großen

Rankenmuster nehmen die Tapeten wieder auf und wir vertreiben uns die Zeit damit, Ähnlichkeiten zwischen beiden zu finden und uns Szenen mit Personen vorzustellen.

Das Zimmer der Fräulein dient als Studierstube und das Puppenzimmer ist einen Teil des Sommers von unserer Freundin Anne-Marie Poncet besetzt, der Klavier- und Gesangslehrerin der Familie.

Unter dem Dach sind die drei jüngsten Kinder und die deutsche Gouvernante untergebracht. Von diesen niedrigen, jedoch geräumigen Zimmern hat man einen wunderbaren Blick auf die Landschaft. Im Herbst schläft Antoine mit einem Gefühl der Sicherheit ein, wenn er das Knistern des kleinen Kachelofens hört, »der an den Wänden hübsche Schatten entstehen ließ«. In diesen Zimmern mit den vergitterten Fenstern, damit niemand hinausfällt, spielen sich unentwegt Kämpfe mit Tränen und Zähneknirschen, Sarabanden und Kriegstänzen ab, denn meine Brüder können keinerlei Widerspruch vertragen und stürzen sich wegen eines Ja oder eines Nein aufeinander, setzen die Fäuste ein, beißen und kratzen. Einmal ist Didi ihr Opfer, einmal ihre Verbündete. Wie durch einen Zauber beruhigen sie sich und schwatzen weiter. Antoine erzählt Geschichten, denen François mit schallendem Gelächter zuhört. Als ich eines Morgens unerwartet bei ihnen eintrete, höre ich, wie der noch im Bett liegende Antoine gerade seine Erzählung beendet, in der er natürlich die Hauptrolle spielt: »Als ich mich dann in die

Lüfte erhob, hörte ich die Menge schreien: ›Es lebe Antoine de Saint-Exupéry.‹« François, vor Freude trampelnd, nimmt am Erfolg seines älteren Bruders Anteil. Welch ein Stimmungsumschwung jedoch, wenn Paula sie dann für den Badezuber ruft.

»Ich kann nicht«, sagt Antoine, »ich bin in meinem Flugzeug.«

»Kommen Sie schnell, böses Kind«, sagt Paula. Und mit dem Schwamm in der Hand zerrt sie ihn aus dem Bett. Antoine entwischt ihr, indem er sein Hemd hergibt, und springt mit Kriegsgeschrei splitternackt im Zimmer umher.

Eine Szene von etwas anderer Art spielt sich auf der ersten Etage ab.

In dem alten Haus gibt es noch kein Badezimmer, nicht einmal fließendes Wasser. Der englische Badezuber ersetzt sie, wird allerdings von der älteren Generation für unschicklich gehalten. Eine vortreffliche Person, die Gesellschaftsdame einer Freundin der Tante, die sich damit einverstanden erklärt hat, während der Ferien zwischen zwei Fräulein auszuhelfen, übernimmt es, für Biche und mich die Badezuberzeremonie zu überwachen. Sie hat nicht die geringste Ahnung von diesem Gerät und so wartet sie, von einem strengen Eifer beseelt, auf uns und ist wie versteinert, als wir in dem erforderlichen Aufzug erscheinen. Ganz verlegen ob ihres stummen Tadels beginnen wir scheu mit dem Waschen. Ihr Gewissen untersagt es ihr, ein solches Schauspiel noch einmal mit anzusehen, und so macht sie sich schnellstens aus dem Staub. Von da ab striegelt uns Nana jeden Morgen.

Man braucht nur den Treppenabsatz vor dem Zimmer meiner Brüder zu überqueren, um auf den Dachboden zu gelangen. Welches Kinderherz hätte nicht auf der Schwelle zu diesem Reich geklopft, wo die Generationen wie geologische Perioden Tag für Tag ihre Sedimente abgelagert haben. Jeder Schritt führt zu einem Abenteuer, einer Entdeckung. Vor jedem Schrottstück, jedem Geschirrsplitter, den der Staub mit einem grauen Filz umgibt, bleiben wir stehen. Was werden wir hinter diesen harmlos aussehenden Fassaden auftauchen sehen? Die quälende Neugier des Archäologen, des Forschers, lässt uns mit einem vorsichtigen, aber gierigen Finger über die verrosteten Ketten, die leeren Schatullen und die alten Kleiderbündel tasten. Wir öffnen die bauchigen Koffer, die einen aus mit Nägeln beschlagenem Holz, die anderen aus schwarzem, gelb eingefasstem Leder.

Wie sind wir bewegt, als wir in einem Koffer eine Auswahl an Leinenanzügen mit raffinierten Westen finden, die Garderobe meines Vaters. In einem anderen eine Kutscherlivree, blau mit Wappenknöpfen, ein Relikt aus einer glanzvollen Zeit.

Mit den Ängsten einer Seilschaft im Himalaya klettern wir eine wackelige Leiter hinauf und gelangen auf die dicken Mauern. Riesige Balken kreuzen einander in einem komplizierten Geflecht. Furchtsam gehen wir auf sie zu, doch die Monstren zeigen sich zahm und wir schwingen uns auf ihre Rücken wie auf die von sanftmütigen Elefanten. Das Lattenwerk aus Holz, das als Abdeckung für diese Mauern dient, ist von tiefen Spalten durchlöchert, die wir mit langen Stangen erforschen. Bestimmt, so geht es uns durch den Kopf, wurden in unruhigen Zeiten kostbare Gegenstände in diesen kleinen Verstecken verborgen und wir hoffen, Goldketten und Diamantschmuck zu entdecken und sie an die Oberfläche zu holen. Und dann die Überraschung im Salon! Was für eine Bewunderung für unsere Klarsicht und unsere Unerschrockenheit! »Meine Kinder, wir beglückwünschen euch. Der Nachtischentzug ist aufgehoben.«

Natürlich haben wir nie etwas entdeckt. Aber der Schatz ist da, wir wissen es. Das ganze Haus dient ihm als Schrein. Die Existenz dieses Schatzes hat unseren Expeditionen eine magische Anziehungskraft verliehen: »...dieser Schatz, der schwach leuchtete [...], gab jeder Mauer, jedem Balken erst den wahren Sinn [...]. Alles war nur eine Hülse, bereit, ihr Korn zu liefern. Eine alte Schale von Dingen, unter der sich, daran zweifelten wir nicht, anderes verbarg.«

Ein solch ein unbekannter Schatz nimmt manchmal im Leben eines Menschen Formen an. Er besteht vorläufig für die jungen Leute nur aus unbestimmten Zielen, die in verschiedene Richtungen weisen. Ohne dass sie sich dessen bewusst werden, bestimmt und richtet er ihre Handlungen aus. Dieser unbekannte Schatz hat Antoines ganzes Werk überstrahlt.

Jacques Bernis, der Pilot des *Südkuriers*, gesteht:

»Was ich erahnte, verbarg sich hinter jeder Sache. Mir schien, als könnte ich es mit ein wenig Bemühen begreifen, es endlich erkennen und mit mir davontragen. Und verstört von der Anwesenheit eines Freundes, den ich nie aus dem Dunkel hervorholen konnte, gehe ich von dannen…«

Antoine und François mit ihren Spielgefährten (1906).

Spiele

An Regentagen ist der Dachboden gut. Sobald die Sonne scheint, sind wir im Park. Wir haben jedoch auch ein Amphibien-Spiel, das man bei Gewitter spielen kann und das ein bisschen mit dem Ballett der Schwalben vor dem Regen vergleichbar ist. Antoine hat darüber in *Flug nach Arras* gesprochen.

Von der elektrisch geladenen Luft erregt wie die Schwalben, rennen wir wie die Verrückten in alle Richtungen, bieten dem Tornado die Stirn und wer am längsten dem Schauer widersteht, wird Ritter Aklin.

Wir haben unsere Baumhäuser in einer Höhe, die ausreicht, um den Inspektionen der Fräulein zu trotzen, denn wir haben Freude am Geheimnis. Ein Brett über zwei parallele Zweige gelegt, darauf ein Kasten und fertig ist die Laube. Gelegentlich nisten wir uns auch in den Fliederbüschen ein. Geschickte Anordnungen von Stein und Moos stellen die ursprünglichen Verhältnisse wieder her. Ebenso wie die Tiere alles, was sie an Kostbarem haben, in ihren Bau schaffen, dienen auch unsere Behausungen der Aufbewahrung. Antoine bringt in ihnen seinen Motor und seine Werkzeuge unter. Ich schaffe mein Tagebuch und Romane von Delly dorthin. Biche versteckt ihre Körner für die Vögel, methodisch aufgeteilt in kleinen Schachteln. Natürlich umgibt diese Bauten das absolute Geheimnis und um sie zu besuchen, muss man eingeladen werden.

Um das Vergnügen vollkommen zu machen, lassen wir unsere Lieblingstiere, die Kaninchen, daran teilnehmen. Sie, die gewöhnlich als gastronomische Bestandteile betrachtet werden, sind für uns Spielgefährten. Sie verschwinden in den Büschen und graben sich ein. Im Juni, wenn die Mähmaschine die Wiesen ausgedörrt hat, trocknet das Gras langsam in der Sonne und verwandelt sich in leichtes Moos, ein unvergleichliches Material, mit dem wir uns Sommersitze errichten. Wir gehen in den Hühnerhof, zerren die Kaninchen aus ihren Käfiggefängnissen und tragen sie in diese Sommerfrische. Die Angorakaninchen, die russischen Kaninchen, die Riesen aus Flandern, die Bastarde jeder Art, die von dem Duft des Grases und der wieder gefundenen Freiheit verwirrt sind, spitzen die Ohren, schnüffeln, schnauben, machen Luftsprünge, mampfen hier einen Halm, da ein Blatt und verschwinden dann in diesen Refugien, um deren Köstlichkeiten in vollen Zügen zu genießen. Wenn die Glocke zum Abendessen läutet, muss man das Erbaute häufig zerstören und man findet Weiß-Weiß oder Großohr wieder, vor lauter Wohlbehagen

Die Freunde der Kinder…

auf seinem Heubett erschlafft und wenig aufgelegt, sein Elendsquartier wieder zu beziehen.

*

Die Familie betrachtet diese Spiele wohlwollend aus der Ferne. Für die Generation vor uns ist der Graben zwischen Mensch und Tier tief. Wir sehen diese Abgrenzung nicht. Das Tier ist manchmal ein Sündenbock, aber immer ein Kamerad, den man mit den Wohltaten der Zivilisation vertraut machen muss.

Ich erinnere mich an einen gewissen Grau-Grau, den wir an einem heißen Junitag unter die Wasserpumpe halten, um ihn die Freuden des Badezubers kosten zu lassen. Mit heftigen Sprüngen versucht Grau-Grau, sich der Dusche zu entziehen: »Karnickelchen, halte dich ruhig. Das ist gut für dich.«

Von einer Dusche zur anderen holte sich das unglückliche Tier Rheumatismus und damit es gesundete, entließen wir es in die Natur. Einige Tage später wurde es eindrucksvoll abgemagert wieder aufgefunden, denn mit seinen steifen Gelenken hatte es sich nicht von den aufrankenden Lianen befreien können, die es sozusagen festgeschnürt hatten. Der Gärtner übernahm es, sein Schicksal zu regeln, und unsere Onkel machten sich über uns lustig und rieten uns, unsere Kaninchen nicht mehr zu baden, was uns sehr ärgerte. Wir hatten das Gesicht verloren.

Die Kaninchen sind aber nicht das Einzige, was wir lieben. Wir übernehmen eine Hand voll Zwerg-

Marie-Madeleine, Gabrielle und ihre Lieblingstiere in Saint-Maurice.

mäuse, die uns ein Erntearbeiter in seinem Hut gebracht hat. Was für ein Entzücken, diese verkleinerten Modelle zu besitzen, richtige Miniaturen von Mäusen. Antoine zähmt eine weiße Ratte, sie ist lebhaft und liebevoll und immer auf ihren beiden kleinen, rosigen Pfoten aufgerichtet, um die Welt zu erforschen. Unsere Zuneigung erstreckt sich auch auf Schnecken, Grillen, Heuschrecken und anderes Getier, das wir in ein höheres Leben einzuführen versuchen, indem wir es in durchlöcherte Schachteln oder kleine Käfige verlegen. Wir stopfen unsere Lieblinge mit jeglichem vorstellbaren Mischfutter voll. Eine kleine Schwalbe, die aus dem Nest gefallen war und zärtlich aufgelesen wurde, starb an der Unverdaulichkeit von in Wein getränktem Brot. Die Schnecken entkommen mit ungeahnter Schnelligkeit und hinterlassen lange, schleimige Spuren. Diejenigen, denen es nicht gelingt zu fliehen, verkümmern und sterben. Die Anpassung an eine neue Lebensform setzt ein gewisses Maß an Intelligenz voraus. Je weiter man sich in der Hierarchie der Lebewesen nach unten begibt, umso schwieriger wird diese Anpassung. Die Leichtigkeit, mit der ein Hund ein neues Zuhause oder einen neuen Herrn annimmt, ist der Beweis für seine außerordentliche Intelligenz.

Der Esel ist trotz der sprichwörtlichen Redensart ein schlaues Tier. Es ist jedoch unmöglich, Kif-Kif in den Griff zu bekommen, einen Esel, den uns Vettern aus Tunesien geschickt haben. Versteht Kif-Kif nur Arabisch? Kaum haben wir uns auf seinen Rücken geschwungen, galoppiert er los, ohne auf irgendeinen Einwand zu hören. Er beruhigt sich erst, wenn er uns abgeworfen hat, und fängt dann friedlich an zu grasen.

Da die Stürze sich häufen, wenn auch zum Glück folgenlos, wird Kif-Kif zu den Cousins geschickt, die in Algerien gewohnt haben und einige Wörter Arabisch kennen. Ich habe jedoch nie erfahren, ob Kif-Kif daraufhin Fortschritte in Französisch gemacht hat.

Diese Tierliebe, die Antoine seit der Kindheit empfand, hindert ihn daran, sich für die Jagd zu interessieren, der traditionellen Zerstreuung der selbst sentimentalsten Junker. Als er alt genug dafür ist, drückt ihm ich weiß nicht welcher Onkel oder Vetter mit Gewalt ein Gewehr in die Hand und sagt ihm, dass es sich gehöre, Lerchen zu schießen und die Familie mit Wild zu versorgen. Antoine, der sich nur darin geübt hat, mit der Pistole auf Pappziele zu schießen, ergreift ohne Begeisterung das Gewehr und fragt sich, durch welche Zauberei er zum Halter einer Waffe wurde, die er immer als ein prähistorisches Werkzeug in dem Sortiment seines Vaters betrachtet

Der Esel der Kinder.

hatte. Er hängt mir die Jagdtasche um und wir brechen zu den Ufern des Neyrieux auf, eines bescheidenen und entzückenden Baches, der am Ende des Dorfes, ganz mit Schachtelhalmen, gelber Iris und Vergissmeinnicht geschmückt, aus einer geheimnisvollen Schonung hervorsprudelt und tapfer einen kleinen Birken- und Espenwald berieselt. Ich bleibe ziemlich weit zurück, voller Angst vor dem Knall des Schusses. Antoine geht langsam, in seine Gedanken vertieft und den Gewehrlauf auf den Boden gerichtet, wie man es ihm empfohlen hat. Die beunruhigten Vögel fliegen dicht über den Boden. Die Jagd ist eröffnet, also Wachsamkeit geboten. Das vibrierende Trillern der Buchfinken hört man nicht mehr, nur noch verstohlene Rufe, Kennworte und all die diskreten Modulationen des beflügelten Volkes in Habachthaltung.

Ein Vogel fliegt schwerfällig bei seinen Schritten davon. Antoine hebt den Kopf, folgt einen Augenblick dem Flug, macht nicht einmal die Geste des Schulterns und als ich mich beruhigt nähere, meint er fest entschlossen: »Es wäre zu idiotisch, dieses kleine Tier zu töten.«

Das ist das Schlusswort. Wir machen kehrt und gehen mit leeren Händen und ohne jegliches Schamgefühl zurück.

Antoine ist es dennoch wichtig, ein guter Schütze zu werden. An einem Ferientag, als ich ihm sein Frühstück hinaufbringe (meine Mutter hält darauf, dass ihr Sohn sich während der Ferien erholt, und die

Schwestern opfern sich abwechselnd auf), sehe ich, wie er einen Revolver auf mich richtet. Ich setze sofort das Tablett ab.

»Was machst du da?«

»Siehst du doch, ich übe mich im Zielen... Peng! Du bist tot.«

Er hat herausgefunden, dass es, um ein guter Schütze zu werden, genüge, durch wiederholtes Üben eine vollständige Festigkeit des Handgelenks zu erwerben und das Ziel so lange zu fixieren, bis es in der Visierachse ist. Diese Methode offenbart sich als wirksam bei Jahrmärkten und Waldfesten. Wenn er an einen Schießstand kommt, drängt sich bald ein Kreis bewundernder Schaulustiger um ihn, denn er trifft zielsicher ins Schwarze. Der Inhaber rauft sich die Haare, wischt sich die Stirn und wünscht dieses Phänomen, das ihm seine Vorräte leert, zum Teufel. Seine Talente werden ihm zweifelsohne bei der Armee dienlich sein. Ich glaube nicht, dass er sich als Zivilist auch nur ein einziges Mal der Waffe bedient hätte außer beim Spiel.

Er wird Pilot werden, doch ist er nur aufgrund seiner Vorliebe für alles Mechanische sportlich. Das Muskelspiel interessiert ihn nur, wenn der Geist daran teilhat. Er liebt das Marschieren nicht, schwimmt ohne Überzeugung (unsere Bäder im Ain sind nicht mehr als ein Eintunken) und lässt sich nie auf einen Wettkampf ein. Es ermüdet ihn schnell, eine rein physische Beschäftigung auszuüben.

Als er die Kindheit hinter sich gelassen hat, gibt er

Tennis, Fußball und das Rudern auf. Er interessiert sich auch nicht fürs Boxen oder Fechten und wenn er Fahrrad oder Auto fährt, dann nur, um schnell und mit weniger Mühe von einem Ort zum anderen zu gelangen.

Die in Mans begonnenen Tanzstunden werden durch den Krieg unterbrochen und fortan begegnet er diesen mondänen Zerstreuungen mit Verachtung. Eine Ballettvorführung entzückt ihn jedoch als Kunstwerk. Bei Intelligenzspielen ist er allerdings hervorragend. Beim Schach ist er kaum zu übertreffen und er fordert ausgezeichnete Spieler wie den Herrn Pfarrer von Saint-Maurice heraus. Auch seine Kartenkunststücke sind berühmt. Er hat sie lange bis zur Virtuosität perfektioniert. Noch während seiner morgendlichen Ruhestunden übt er sich im Kartenmischen, indem er sie ineinander schnalzen lässt, das ABC unter den Professionellen. Während er daran arbeitet, entdeckt er Tricks, die ihm als Angelpunkte für seine Kunststücke dienen und aus denen er so verblüffende Effekte zieht, dass die Umstehenden ihm die Gabe des Hellsehens zuschreiben.

Wir lieben besonders das Spiel mit den kleinen Zetteln. Abends versammeln wir uns im Esszimmer von Saint-Maurice um den runden Tisch. Und auf der polierten Eiche, die unter der Lampe glänzt, nehmen die Hirngespinste ihren Lauf. Antoine ist unschlagbar im Reimen. Er zieht einen erstaunlichen Nutzen aus den auferlegten, meist albernen Reimen und während die anderen Reimschmiede

sich die Haare raufen, an ihrem Bleistift lutschen, bedrückte Seufzer ausstoßen und schließlich mit faserigen Reimen wieder kommen, reiht er gewandt luftige, anmutige und oft spöttische Strophen aneinander und wir sind voller Bewunderung für ihn. Reimfetzen, Zeitungsstücke, Telegramme, Zeichnungen – es gibt davon die verschiedensten Zettel, die Freudenschreie und Lachstürme hervorrufen. Einer unserer Freunde, Humbert de Sayve, der besonders humorvoll ist, liest sie mit entsprechender Grimasse vor und Antoine bricht vor lauter Lachen über dem Tisch zusammen.
Noch ein anderes Spiel, »Monsieur et Madame« genannt, ist sehr beliebt. Ein Spieler geht hinaus. Der Areopag wählt dann zwei verschiedene Gegenstände, die voneinander abhängig sind und die »Monsieur und Madame« genannt werden: Nadel und Faden, Rahmen und Leinwand, Fußgänger und Straße etc. Der Sucher darf drei Fragen pro Spieler stellen: Wie sehr mögen Sie Monsieur? Wohin platzieren Sie Monsieur? Was machen Sie mit Monsieur? Und dasselbe für Madame. Schmach für denjenigen, der eine zweite Runde braucht. Jeder kommt dran. Als Antoine ins Gebet genommen wird, errät er es, bevor er die Fragerunde beendet hat. Das ist ärgerlich. Eine geistige Arbeit verbindet fast immer sofort die verschiedenen Antworten zu einem zusammenhängenden Ganzen... doch wie viel unbestimmte und ausweichende Antworten braucht es für eine richtige! Ich frage mich, wie viel das Gedankenlesen, dessen

er sich so häufig als fähig erwiesen hat, bei diesem blitzartigen Erraten nicht eine Rolle spielt.
Es gibt noch die versteckte Silbe, das Adverbien-Spiel und schließlich das Porträt-Spiel, von allen das meist verbreitete. Die Regel ist, dass man auf Fragen, die der Sucher ad libitum formuliert, ausschließlich mit Ja oder Nein antworten muss.
Viele Spiele erfordern keine Intelligenz. Ein brillanter Bridgespieler kann in diesem Punkt mittelmäßig sein, wenn sein Gedächtnis die Stiche mit der Präzision eines elektronischen Gehirns registriert. Mit derselben Genauigkeit rekonstruiert er das Spiel der anderen und legt entsprechend seine Karten heraus. Das Porträt-Spiel erfordert mehr Erfindungsgabe als Gedächtnis, denn der Spieler fängt mit nichts an und muss einen Plan entwerfen, der sich je nach den Antworten verändert. Indem er sich in der Zeit und im Raum vortastet, begrenzt er das Terrain, in dem er sich zurechtfinden muss, und wenn er den Dreh heraus hat, muss er mit einem genauen Fragespiel fortfahren. Die Untersuchungsrichter sollten sich alle des Porträt-Spiels befleißigen.

Theater

Jedes Jahr spielen wir ein Theaterstück entweder unter uns und den augenblicklich anwesenden Gästen oder mit der Dorfjugend. Meine Mutter, eine ausgezeichnete Regisseurin, hat wahre Talente entdeckt.
Anne-Marie Poncet hilft uns. Ihr Vater war der Direktor des großen Theaters in Lyon. Diktion und Interpretation sind für sie keine Geheimnisse mehr.
In einem Sommer haben wir, da es uns an Schauspielern fehlte, beschlossen, das Stück »Am Telefon« zu spielen, was fast ein Monolog ist. Das Thema ist ziemlich gruselig. Ein unglücklicher Ehemann, der mit seiner auf dem Land gebliebenen Familie telefoniert, muss, ohnmächtig am anderen Ende des Drahtes, die Ermordung der Seinen mit anhören.
Die besten Schauspieler sind jene, deren Persönlichkeit genügend Einfühlungsvermögen und Fantasie mitbringt, um sich in die Haut eines anderen zu versetzen. Die einen finden in bestimmten Rollen eine Gelegenheit zum Abenteuer, da sie ja einige Stunden lang ein Held oder eine Person werden, die im Vordergrund steht. Die Schüchternen, die Unentschlosse-

Antoine (Mitte) und Freunde führen 1912 einen Einakter auf.

nen, die Verschwiegenen, die zögern, ihre Gefühle nach außen zu tragen, finden Sicherheit in einer Rolle, die sie zu nichts verpflichtet und in der sie sich ohne Folgen auf alle Kühnheiten, alle Exzesse und alle Lächerlichkeiten einlassen können.

Eine unnachgiebige, starre und zu eigensinnige Person gibt keinen guten Schauspieler ab. Die Anpassungsfähigkeiten Antoines, die verschiedenartigen Quellen seiner Einbildungskraft und Fantasie sorgen dafür, dass seine dennoch ausgeprägte Persönlichkeit kein Hindernis für sein Talent als Schauspieler darstellt.
Er wird mit der Hauptrolle betraut und die Proben beginnen unter Anne-Marie Poncets Leitung.
Jeder versucht, den anderen mit seinem Eifer zu übertreffen. Das Stück steht bald und man lädt den Herrn Pfarrer und unsere Freunde aus dem Dorf zu dem Schauspiel ein. Das Vestibül wird zu einer Bühne umfunktioniert, die dank seiner Wandverkleidung über eine ausgezeichnete Akustik verfügt. Die Vorführung beginnt. Antoine ist erstaunlich. Seine fortschreitende Beunruhigung, die in dem Maße, wie entfernte Stimmen ihm den Verlauf des Dramas übermitteln, in Angst übergeht, wird mit einer einzigartigen Intensität dargestellt. Er schwitzt, verzerrt sich krampfhaft, seine Stimme abgehackt, keuchend, sein Flehen, mehr zu erfahren, einen Satzfetzen zu erfassen, all dies ruft bei den Zuschauern Gänsehaut hervor. Mimi, Noémies Enkelin, weint. Inmitten dieser quälenden Spannung erblickt Tante de Tricaud das Fläschchen Schnaps, das der treue Diener auf die Bühne gebracht hat und aus dem unser Mann am Telefon Mut schöpft. Sie schiebt die Stühle beiseite, stürzt sich auf das Fläschchen, das sie entrüstet mit der Faust umschließt: »Ah, nein, nicht meinen alten Branntwein…«, und bringt es in Sicherheit. Schallen-

Beim Theaterspielen: François in der Rolle des Liebhabers.

des Gelächter, das übrigens schnell unterdrückt wird, begrüßt diese Einlage. Antoine hat nicht mit der Wimper gezuckt und fährt mit seinem verzweifelten Monolog fort.

Das Telefon verstummt. Alle sind tot, außer dem Telefonierenden, der über seinem Hörer zusammenbricht. Beifall braust auf. Die Schauspieler verbeugen sich bescheiden. Die Zuschauer gestehen, dass sie gezittert haben. Es ist ein Triumph.

Tischrücken

»Mademoiselle Simone, wann kommen Sie zu uns zum Mittagessen?«
»Oh! Madame Favre, wie nett von Ihnen. Aber ich habe zu Hause nichts gesagt...«
»Bah! Ein Telefongespräch ist schnell gemacht.«
»Wir haben kein Telefon.«
»Kommen Sie schon... ich nehme alles auf mich. Ihre Tante und Ihre Mutter werden sich nicht beunruhigen, da sie Sie bei mir wissen. Sie werden denken, dass wir bei der Ambulanz noch zusätzliche Arbeit hatten. Nun, nun... der Tisch hat sich mit einem gesegneten Rosenkranz bewegt...«
Seit dem Beginn der Feindseligkeiten 1914 hat meine Mutter, mit einem Diplom vom Roten Kreuz versehen, am Verschiebebahnhof von Ambérieu-en-Bugey eine Ambulanz eingerichtet. Die Militärzüge werden hier auf der Durchfahrt mit Lebensmitteln versorgt. Die Verletzten und die Kranken, die dringend versorgt werden müssen, werden hier abgesetzt. Ambérieu wird große Bedeutung erlangen, wenn die Züge mit den von Deutschland freigegebenen Kriegs-

*Die Krankenstation des Bahnhofs von Ambérieu um 1915.
Gabrielle teilt unter den Soldaten Kaffee aus.*

gefangenen über die Schweiz zurückgeführt und bei uns Halt machen werden.
Zahlreiche Krankenschwestern haben sich freiwillig gemeldet und eine von ihnen, Madame Favre, wohnt auf halbem Weg zwischen Ambérieu und Saint-Maurice in Château-Gaillard. Nach Beendigung des morgendlichen Dienstes lädt sie uns, Didi und mich, häufig zum Mittagessen ein, wenn wir gerade in Ambérieu sind, um bei der Lebensmittelverteilung zu helfen. Wir nehmen gerne an. Madame Favre ist fröhlich und ungestüm und hat ein komisches, zerknittertes Gesicht mit schelmischen Augen. Ihr Mann arbeitet bei der Eisenbahn und sie hat eine Nichte oder Cousine bei sich mit Namen Favrette.
Eines Tages, als wir bei diesen Damen zu Mittag essen und Monsieur Favre Dienst hat, schlagen sie nach dem Kaffee vor, beim Tischrücken mitzumachen. Wir haben natürlich schon davon gehört, aber bei dem Gedanken, dass wir an diesem dem Märchen zugeschriebenen Phänomen teilnehmen werden, klopfen unsere Herzen vor Aufregung. Es wird ein kleiner, dreibeiniger Tisch herangeholt und wir werden aufgefordert, unsere Hände flach darauf zu legen. Madame Favre erklärt uns, dass sie Victor, einen Sohn, den sie verloren hat, zurückkommen lässt. Die Sprachregelung für Victor lautet, dass ein Schlag »ja« und zwei Schläge »nein« bedeutet. Auf die Befehle von Madame Favre, die immer im höchsten Maße höflich formuliert werden (»die Geister sind empfindlich«, sagt sie), fängt der Tisch

an zu knacken und sich sachte auf ein Bein, dann auf zwei Beine zu heben. Unsere Erregung ist auf dem Höhepunkt. »Lieber Geist, bist du da?«, fragt Madame Favre liebevoll. Der Tisch neigt sich anmutig. Victor ist lebhaft und ein liebevoller Mensch wie seine Mutter. Er reagiert auf die folgenden Fragen mit Luftsprüngen und versetzt uns freundschaftliche Rippenstöße. Seine Antworten sind ungestüm und jungenhaft.

»Victor, bist du glücklich im Jenseits?«, fragt Madame Favre.

Der Tisch versetzt in Abständen mehrere kleine Fußtritte: »Ja… ja… ja«, antwortet Victor. »Was für ein Glück, was für ein Trost für mich«, sagt Madame Favre. Da fängt der Tisch so lebhaft an zu tanzen, dass wir Mühe haben, die Hände darauf zu halten.

Ich weiß nicht, was Monsieur Favre von Victors Mitteilungen hält. Zweifellos billigt er diese Verständigungen mit dem Jenseits nicht, denn sie finden immer in seiner Abwesenheit statt.

Uns dagegen, Didi und mich, faszinieren sie und wir beschließen, unsere Familie darin einzuführen. Wir wählen einen kleinen, runden, schwarzen Holztisch aus, der leicht genug ist, um sich zu bewegen. Antoine, ganz betört, liefert sofort den Beweis seiner unbestreitbaren Autorität. Der Tisch gehorcht ihm bereitwillig. Er leitet das Spiel und wir erleben Sitzungen von großem Stil. Aber die Familie ist beunruhigt. Der Herr Pfarrer, den man zu Rate gezogen hat, ist verärgert und erklärt, dass dies alles Teufelswerk sei. Er verbietet uns, unsere Erfahrungen fortzusetzen. Eine Zeit lang nehme ich daraufhin keine Einladungen von Madame Favre an. Ich hatte sie von der Missbilligung des Herrn Pfarrer in Kenntnis gesetzt. Heute ist allerdings die Versuchung zu groß. Die Erfahrung, die wir mit dem gesegneten Rosenkranz gemacht haben, beruhigt uns vollständig und befreit unser Gewissen. Wir fahren mit dem Fahrrad nach Château-Gaillard und setzen uns nach dem Kaffee um den Tisch. In seiner Freude über die Versammlung vollführt Victor Hüpfer und Luftsprünge und auf Fragen antwortet er mit verblüffenden Enthüllungen, als wollte er uns für ein langes Schweigen entschädigen. Sie erweisen sich als absolute Hirngespinste, zeugen jedoch von einer fruchtbaren Fantasie. Wir haben die kirchlichen Weisungen damit erneut missachtet. Ein Festtag naht und wir müssen eiligst unsere Beichte ablegen. Am Samstag, dem Beichttag, beschließen wir, Didi und ich (die brave Biche hat nie an solch suspektem Zeitvertreib teilgenommen), von unserem Pfarrer die Absolution zu erbitten, und brechen zur Kirche auf. Ich hole ihn in der Sakristei ab und sage mit scherzender Miene als Vorrede, um die Förmlichkeiten etwas abzukürzen: »Herr Pfarrer, wir kommen, um zu beichten, denn trotz Ihres Verbots haben wir die Tische verrückt.« Das Gesicht des Herrn Pfarrer verschließt sich und er antwortet lediglich trocken: »Gut. Wir werden sehen.«

Didi geht als Erste. Hastiges Gemurmel in zwei

Stimmlagen, dann verkündet das Zuknallen des Gucklochs das Ende des Unternehmens.
»Na, also«, sage ich mir erleichtert, »das wird schnell gehen.« Klack, das Guckloch öffnet sich auf meiner Seite, ich sage eilig das »Confiteor« und nehme den scherzhaften Ton wieder auf: »Pater, ich beschuldige mich, Tische verrückt zu haben...« Kurzes Schweigen. Zu jeglicher Reue und festen Vorsätzen entschlossen, warte ich. Und dann der Herr Pfarrer, der die Silben feierlich betont:
»Man hatte es Ihnen verboten?«
»Ja, Pater.«
»Sie haben dem nicht Rechnung getragen?«
»Nein... nein, Pater.«
»Ja, dann kann ich Ihnen auch keine Absolution erteilen.«
Klack! Das Guckloch knallt erneut zu.
Bestürzt kehre ich zu unserer Bank zurück, wo Didi schluchzt.
»Warum weinst du?«
»Er... hat mir gesagt... hu, hu, hu... dass wir, wir... hu, hu, hu... eine Sünde begangen haben... hu, hu, hu... eine Todsünde hu, hu, hu...«
»So ein Quatsch. Wenn das eine Todsünde wäre, hätte er uns die Absolution erteilt, damit wir nicht Gefahr laufen, ohne sie zu sterben.«
Diese Versicherung beruhigt Didi und als wir nach Hause kommen, schmieden wir Pläne, um in Ambérieu zu beichten. Onkel Guillaume verspricht uns, uns mit dem Auto hinzufahren und uns nachmittags

in eine Konditorei auszuführen, wenn wir die Absolution haben. Und wenn wir die Absolution nicht bekommen, nun ja, dann werden wir trotzdem in die Konditorei gehen, um uns zu trösten.

Es geht alles wie geschmiert. Der Herr Pfarrer von Ambérieu, weniger unnachgiebig als sein Kollege in Saint-Maurice, gibt uns den väterlichen Rat, es mit dem Tischrücken nicht zu übertreiben.

»Ich glaube nicht«, meint er, »dass der Teufel sich im Tisch verkörpert. Aber er kann sich dessen bedienen, um euch zu üblem Tun mitzureißen. Alles, was zweifelhaft, was zweideutig ist, kann seinen bösen Absichten dienen. Es ist angebracht, einem suspekten Zeitvertreib aus dem Weg zu gehen oder sich ihm zumindest nur in einer absolut Vertrauen erweckenden Umgebung hinzugeben.«

Wir versprechen alles, was er will, entzückt, kein formelles Verbot zu bekommen und keine Opfer der Hölle zu sein. Der gute Onkel, ebenso zufrieden wie wir, nimmt uns mit zum Baiser- und Eclair-Essen und auf der Rückreise witzelt er über unsere Sünden. Er überhäuft uns mit ausgezeichneten Ratschlägen. Da uns jegliche Bosheit abgeht, beeilen wir uns, sie zu vergessen.

Antoine hatte nicht unsere Gewissensbisse, denn er hat nie eine teuflische oder überirdische Vermittlung zugegeben. Er verzichtet von selbst auf Veranstaltungen, die er nach Belieben beeinflusst.

»Ich lasse den Tisch alles sagen, was ich will«, behauptet er.

Er untersucht das Problem und erklärt, dass der Tisch, der ungeordnete Impulse bekommt, sich erst zu bewegen beginnt, wenn sich diese Impulse oder Schwingungen in die Richtung des stärksten Impulses aufeinander abstimmen. Das Problem ist so häufig behandelt worden, ohne gelöst worden zu sein, dass ich von einer Schlussfolgerung Abstand nehme. Ich kann nur bestätigen, dass in bestimmten Fällen der Impuls aufhört und der Tisch sich weiterbewegt, wenn ein verlängerter Kontakt ein Magnetfeld geschaffen hätte, auf das der erwärmte und eingestimmte Tisch noch reagiert.
Antoine orientierte sich bald in eine andere Richtung, und zwar die des Hypnotismus. Er kaufte verschiedene Handbücher, bläute sie sich ein, übte sich in geistiger Konzentration und energetischen Bewegungen und probierte sie an uns aus, allerdings ohne Erfolg, denn wir waren schlechte Objekte. Nur Biche gab vor, ein Kribbeln zu spüren, als er seine weit geöffneten Hände über ihre geschlossenen Augen hielt. Bei einem jungen, leicht beeinflussbaren Vetter hatte er schließlich mehr Erfolg; er lähmte völlig dessen Willen. Er sog dessen Persönlichkeit derart in sich auf, dass seine Befehle sofort ausgeführt wurden.
Er versuchte, dieselben Ergebnisse bei unserer Gouvernante, Mademoiselle Marguerite, zu erzielen, die seit 1914 die Dienstmädchen und die deutschen Fräulein bei uns ersetzt hatte.
»Wenn du es mit dir geschehen lässt, Moisi«, sagt er

Die Schlosskapelle.

zu ihr, »bringe ich dich dazu einzuschlafen. Dann befiehlst nicht mehr du, sondern ich.«
»Sie sind kühn«, antwortet Mademoiselle Marguerite. »Aber ich habe kein Vertrauen zu Ihren Teufeleien.«
»Das sind keine Teufeleien«, antwortet Antoine, »sondern die Kraft meines Willens.« Und er umschlingt Moisi mit seinen beiden starken Armen und dreht sie wie einen Kreisel. Moisi schreit schrill wie ein verängstigter Vogel.
»Ah, diese Jungen, die machen einen noch ganz krank im Kopf.«
Wieder auf dem Boden, fängt sie an zu lachen und nimmt ihre Frivolitätenarbeit wieder auf – eine endlose Arbeit. Sie fertigt daraus Kragen, Ärmelaufschläge, Kleiderbesätze oder Altardecken. Man braucht dafür eine unendliche Geduld und eine nie nachlassende Regsamkeit. Mademoiselle Marguerite besitzt diese beiden Qualitäten neben vielen anderen: Sie ist der kleine Hausgott unserer Gemeinschaft.

Mademoiselle

Mademoiselle Marguerite, Moison oder Moisi genannt, ist klein, lebhaft und flink. Aus ihrem schmalen Gesicht, das von zwei silbrigen Haarflechten gekrönt wird, funkeln zwei runde, lebhafte und schwarze Augen wie Mäuseaugen. Ich habe gesehen, wie in ihnen eher Kummer als Verzweiflung, eher Entrüstung als Zorn zum Ausdruck kamen und Sorge, niemals Angst. Nichts erstaunt sie, sie hat eine Antwort auf alles und nimmt vertrauliche Mitteilungen mit einer Selbstverständlichkeit hin, die dem hartgesottensten Verbrecher Geständnisse entlocken würde.
Sie hat in einem Hotel von Romans oder Valence als Weißnäherin und Kassiererin begonnen und offenbar von der männlichen Kundschaft viele Komplimente bekommen. Sie errötete sofort, wies diese Avancen zurück und lenkte das Gespräch geschickt in eine andere Richtung. Obwohl sie immer hübsch zurechtgemacht war, war sie nicht kokett und versuchte keineswegs zu gefallen.
Sie war dann bei sehr feinen Leuten in Lyon Erzieherin gewesen, doch diese wechselnden Stellen hatten in

ihr einen einzigen Wunsch entfacht: ein eigenes Zuhause zu haben und inmitten eigener Möbel, Töpfe und sauber gebügelter Wäschestöße in Frieden alt zu werden und zu sterben.
Ihre Tante, Mademoiselle Imberton mit dem Spitznamen Miss, hatte meine Mutter, ihre Brüder und ihre Schwester unterrichtet. Im Gegensatz zu Moisi, die hübsch ist, war Miss ziemlich hässlich, aber diesen Mangel glich sie durch einen lebhaften und scharfen Verstand, eine breite Bildung und durch die perfekte Kenntnis der englischen Sprache aus, alles Dinge, die Mademoiselle Marguerite fehlen. Deshalb achtet und bewundert sie ihre Tante auch sehr. Moisi kennt keine Eifersucht und wenn sie auch eine Hierarchie anerkennt, die für die gesellschaftliche Struktur unerlässlich ist, so behandelt sie doch alle immer gleich. Ihre unerschütterliche Heiterkeit erleichtert ihr das Leben in einer Familie, von der man nicht gerade sagen kann, dass Gleichmut ihre Haupteigenschaft ist. Sie wohnt gelassen Diskussionen, rednerischen Wettkämpfen, Vorwürfen von der Tante, Beschuldigungen des einen und des anderen bei. Ihre Hingabe im Krankheitsfall oder bei einfachem Unwohlsein ist grenzenlos. Sie ergreift immer Partei für die Schwachen und Unterdrückten gegen jede Form von Machtmissbrauch und imperialistische Strukturen. Ihr von der Herkunft bäuerliches Grundwesen ist durch die Aufenthalte in der Stadt nie verfälscht worden; in Lyon begleitet sie mich zum Unterricht und Biche zu ihren Mal- und Geigenstunden. Sie strickt, fertigt

Mademoiselle Marguerite,
Moison oder Moisi genannt, der »Hausgott«
von Saint-Maurice.

Schiffchenspitze, beruhigt uns, wenn wir zitternd die Treppe zum Zahnarzt hochsteigen, einem bärtigen Russen, der mit ruhiger Miene seine jungen Patientinnen in Schrecken versetzt, berät uns im *Grand Bazar*, kurz, sie unterwirft sich mit lächelnder Ergebenheit den städtischen Verpflichtungen. Aber wenn die schöne Jahreszeit uns wieder nach Saint-Maurice bringt, wird Moisi von der flinken Raupe zum Schmetterling. Sie hält es nie lange am selben Platz aus. Wenn sie die Kaninchen mit großen Körben voller saftigem Gras gefüttert hat, kehrt sie in den Gemüsegarten zurück und sammelt für die Hühner Fallobst.

Jeder von uns braucht ein ihm angemessenes Reich. Wir kreisen alle um Gestirne von größerer Wichtigkeit, aber wir brauchen auch treue Satelliten. Nun, Kinder sind trügerisch; als angehende Machthaber versuchen sie jene zu zähmen, die damit beauftragt sind, ihnen etwas beizubringen. Sie erproben früh ihre jungen Krallen und es bedarf einer energischen Autorität, um sie zu bezwingen. Wenn sie größer werden, entziehen sie sich, bis die den Instinkt beherrschende Vernunft sie zu den Älteren zurückbringt. Moisi stößt sich an bestehenden Autoritäten. Nana herrscht in der Küche und im Raum der Bediensteten, die Kinder diskutieren, meckern, sind ungehorsam. Die Eltern befehlen, machen Vorwürfe, bestrafen, widersprechen sich. Da Moisi sich im Bereich der gebieterischen Nana bewegt und mit Befehlen und Gegenbefehlen eingedeckt ist, findet sie inmitten von Pflanzen, Blumen und Tieren ein Reich göttlichen Rechts. Sie liebt unterschiedslos jede Art von Fell- oder Federtier, aber ihre Vorliebe gehört den Katzen. Sie suchen die Heuschober heim und sind gehalten, sich von Ratten zu ernähren. Eingedenk dieses Prinzips füttern die Bauern ihre Katzen nicht, abgesehen von einer gelegentlichen Schüssel

Sauermilch. Bis zu Moisis Ankunft gingen ausgezehrte Tiere auf die Jagd, um ihren Speiseplan mit Eidechsen, Schmetterlingen und Fröschen zu würzen, und Biche, die Vögel liebt, verfolgte die Katzen strafwütig, weil sie davon so viel wie möglich verschlangen. Moisi brachte ihnen heimlich zu fressen, gab ihnen einen Namen und eine Persönlichkeit und verwandelte furchtsame und scheue Wesen in anmutige und schnurrende Katzen.

Die gut genährten Kaninchen werden fett. Wenn eines von ihnen im Topf geopfert wird, schickt Moisi erschüttert die Schüssel zurück. Wir »verwenden darauf weniger Sensibilität«, wie man im achtzehnten Jahrhundert sagte. Unser viel geliebtes Tier erkennen wir nicht in diesem Ragout, das köstlich nach Zwiebeln und Weißwein riecht, und verschlingen es mit Appetit, wobei wir übrigens auch die Croutons vorziehen. Moisi wendet sich hingegen mit Entsetzen von diesem Leichenschmaus ab.

Sie ist eine große Sammlerin von Lindenblüten und Eisenkraut. Sie pflückt die Früchte und breitet sie hingebungsvoll in der Obstkammer aus, wobei sie sich die bräunlichen Früchte herausklaubt, die sie wegen ihrer empfindlichen Zähne lieber hat als die grünen.

Sie ist im Dorf sehr beliebt und redet mit diesem und jenem mit einer natürlichen Ungezwungenheit. Man sieht sie nie eingeschüchtert und ein dicker Stellmacher, der bei Gott flucht und mit dem Hut auf dem Kopf vor dem Herrn Pfarrer vorbeigeht,

zieht denselben respektvoll vor dieser zerbrechlichen Person, die ihm lächelnd direkt ins Gesicht sieht.
Als Nana plötzlich mit siebenundsechzig stirbt, wird Moisi mit der Wäsche des Hauses betraut, dem höchsten Ziel in ihrer Laufbahn. Sie lässt weder ihre Katzen noch ihre Kaninchen im Stich. Sie beeilt sich einfach nur mehr beim Füllen ihrer Graskörbe und kürzt ihre Unterhaltungen mit Lili, ihrer Lieblingskatze, ab, um zum Vorraum im ersten Stock zu gelangen, wo vier große Schränke die Wäschestapel beherbergen. Sie öffnet deren Flügeltüren und ist im Paradies. Die Stapel auf den Brettern folgen mit geometrischer Regelmäßigkeit aufeinander. Moisi hockt auf einer kleinen Treppenleiter und zählt, sie zählt ihre Tischtücher nach, ihre Betttücher, ihre Geschirrtücher und ihre Handtücher; sie faltet sie auseinander, untersucht, wieweit sie abgenutzt oder zerrissen sind, legt die auszubessernden beiseite, richtet sich dann in einer Wolke weißer Stoffe ein und beginnt zu schneiden, zu säumen, zu flicken und zu stopfen. Hier ist sie die Königin. Niemand mischt sich in ihrem bescheidenen Reich ein, sie kann nach ihrem Gutdünken Dinge annehmen, zurückweisen, verdammen oder die verblichene Nana kritisieren, die so viele Betttücher »zum Durchgucken« gelassen hat. »Ich bin gezwungen, alles von Anfang an noch einmal durchzusehen«, sagt Moisi mit einer Miene falscher Resignation, wobei sie voller Stolz ihre wie senkrechte Felsen hochgezogenen Stapel betrachtet. Die Sitzungen mit der Waschfrau sind Ministerratssitzungen. Die eine wie die andere

geht daraus entzückt hervor. Häufig kommt man und stört sie. Sie taucht dann aus einer Woge von Leinen und Baumwolle auf: Damasttischdecken für fünfundzwanzig Gedecke, die sie auseinander schneidet, um daraus Servietten zu machen, abgenutzte Betttücher, die sie in der Mitte teilt, um sie an den Seiten zu säumen. Sie nimmt ihr an einer schwarzen Schnur hängendes Lorgnon ab und antwortet gesetzt. Antoine kommt und erzählt ihr von seinen fliegerischen Heldentaten in Nordafrika.

»Sie sind kühn«, sagt Mademoiselle Marguerite.

»Und wenn du wüsstest, Moisi, was das für wunderbare Landschaften sind, wenn man die Wüste überfliegt. Dünen und nochmals Dünen aus goldenem Sand, gekräuselt wie Wellen, und mittendurch bewegen sich die Karawanen langsam wie Ameisenkolonnen vorwärts.«

»Und was trinken sie?«

»Wenn sie keine Brunnen finden und ihre Wasservorräte erschöpft sind, schlitzen sie einem Kamel den Bauch auf, denn das Kamel hat eine Reservetasche, und dieses Wasser trinken sie.«

»Wie entsetzlich! Und was trinkt dann das Kamel?«

»Das Kamel verendet natürlich.«

»Das ist schrecklich. Armes Tier. Erzählen Sie mir nicht solche Geschichten, mir dreht sich dabei der Magen um. Und Sie fahren wieder in diese barbarischen Länder?«

»Vielleicht... bestimmt. Die Wüste ist so schön. Ah! Wenn man wegen einer Panne landet, ist das weniger lustig. Man muss warten, bis jemand kommt und den Schaden repariert. Tagsüber röstet man, nachts erfriert man fast. Man muss in dem eisigen Wind schlafen, direkt im Sand, mit dem Risiko, von den Rebellen geschnappt zu werden.«

»Und was würden die einem tun?«

»Man kann nie sicher sein, ob sie einem das Leben lassen. Alles hängt von dem Lösegeld ab, das sie aus einem herauszuholen versuchen. Die Hoffnung auf ein Lösegeld ist die einzige Chance. Es sind gierige und grausame Männer. Sie haben einmal einen kleinen Militärwachtposten gefangen genommen. Sie haben sich den Gefreiten gegriffen, ihn in einen großen Topf gesteckt und gekocht. Das hat alle Welt amüsiert.«

Moisi bekreuzigt sich.

»Barmherzigkeit! Das ist nicht möglich! Haben Sie häufig Pannen?«

»Ziemlich oft. Doch bin ich dabei immer heil herausgekommen. Ich lande immer normal. Man muss sich dem Wind anvertrauen, sodass man landen kann, ohne umgeworfen zu werden. Die Richtung der Dünen gibt mir die Richtung des Windes an. Der Wind faltet und säumt sie wie du die Betttücher.«

»Oh, was für ein Tohuwabohu«, sagt Moisi nachdenklich und betrachtet ihre Säume.

Die liebe Moisi! In ihrer Festung aus polierter Eiche hinter den Wällen aus weißer Wäsche wohl geschützt, zerfließt sie vor Mitleid über das Unglück in der Welt und empfindet eher Trotz als Kummer.

Könnte die Welt falsch gemacht sein? Moisi ist gläubig, aber nicht devot. Sie fürchtet Gott, schätzt jedoch nicht immer seine Hirten. Sie geht ein- oder zweimal im Jahr zur Beichte.

»Diese Herren sind schon genügend beschäftigt, ohne dass ich sie noch mit meinen kleinen Geschichten belästigen muss. Die interessieren sie nicht.« Sie geht nur an Feiertagen zur Kommunion. Weshalb? Sie braucht ihren Milchkaffee, wenn sie aus dem Bett steigt. »Wenn ich nüchtern bleibe, wird mir schlecht.« Die Wahrheit ist, dass Moisi sich eine jugendliche Seele und eine Unschuld bewahrt hat, die sie in Frieden mit der ganzen Erde und selbst dem Jenseits leben lassen. Es gibt, Gott sei's geklagt, kriminelle Jugendliche, perverse Kindheiten, die für das Böse geschaffen wurden. Vielleicht sind das Menschen, die vorzeitig gealtert sind? Und was ist anziehender als eine reine und wohltätige Seele, der der Ernst des Lebens nicht das kindliche Wesen und die unerschöpfliche Quelle der Fröhlichkeit entreißen konnte. Ich sehe Moisi noch, wie sie entzückt war über den feinen Streich, den wir spielen wollten, nämlich uns mit mir als Nonne verkleiden und bei der Tante, Mutter und dem Herrn Pfarrer Spenden sammeln gehen. Die beiden Damen fallen darauf herein, doch unsere Lachausbrüche verraten uns. Unser Pfarrer ist scharfsichtiger und die Holzschuhe, die wir angezogen haben, um den Dorfmatsch zu durchqueren, sind offenbar für Spendensammlerinnen, die für ihre ermüdenden Märsche feste Schuhe anziehen, ungewöhnlich. »Bis auf das«, meint er, »seid ihr wirklich Berufene!«

So schafft Moisis Anwesenheit eine heitere Atmosphäre. Die Dinge bekommen in ihrer Gegenwart ihre wahre Proportion.

Antoine, der in der Wüste auf einem Hügel notgelandet ist, den nur die Meteoriten kennen, die dort wiederum ihre schwarzen Tränen weinen, schläft ein, während er auf den grauenden Morgen wartet, »zwischen dem Sand und den Sternen«. Und langsam überkommen ihn die Träume: »Das Wunderbare an einem Haus ist nicht, dass es einem Schutz gibt oder einen wärmt, auch nicht, dass man seine Mauern besitzt. Sondern dass es allmählich in einem diese Vorräte an Sanftheit angelegt hat.«

Und dann taucht Moisi auf, die er als Kind in Wut gebracht und bei der er sich später einen Spaß daraus gemacht hat, sie mit Schreckensgeschichten zu beunruhigen. Wie kann man sich Saint-Maurice ohne diesen kleinen Hausgott in Erinnerung rufen, diese diskrete und lächelnde Anwesenheit? »Aber in jener Nacht in der Sahara habe ich ihr zwischen Sand und Sternen Gerechtigkeit widerfahren lassen.«

Osterferien

In der Vorstellung eines jeden Kindes strahlt Ostern mit besonderer Intensität. Wenn wir das Wort »Ostern« mit seinen anmutig gerundeten Buchstaben lasen, die den Rundungen eines Eies glichen, überlief uns ein köstlicher Schauer. Vor uns tauchten die Schaufenster auf, die zu gigantischen Brutkästen geworden waren: weiße und rosa Zuckereier, Schokoladeneier, deren Bauch, innen ölig und matt schimmernd, von roter Seide umgürtet war, zahllose Ersatzeier aus bunter Pappe und auch gewöhnliche Eier, wie richtige Hühnereier, deren täuschend echt aussehende Schale eine dunkle cremige Nuss-Schokolade enthüllten. Was verbarg das Wort »Ostern« noch, um uns vor Begierde zittern zu lassen und das schneeverhüllte Weihnachten, seinen Geleitzug von Sternen, seinen flockigen Weihnachtsmännern und Feuerwerksbäumen, die in Flammen und silbrigen Kaskaden zerrieseln, in weite Ferne zu verweisen? Selbst ein Schuh im Kamin verlor seinen Reiz.

Ostern war für uns das Symbol für den Frühling. Ihr romantischen Seelen, von der Melancholie des

Herbstes und der Anmut der Farben bezaubert, mit denen sich die bedrohte Natur schmückt, und ihr, ewig vor Kälte erstarrt und kaum durch einen heißen Juli erheitert, habt ihr den Vorfrühling auf dem Land kennen gelernt, den verstohlenen und zögernden Frühling, der einen Grashalm riskiert, ein Primelchen, eine Knospe auswickelt und überall eine betäubende Milde verbreitet… Diese Tage sind weniger wegen ihres äußeren Kleides erregend als wegen ihres Dufts. In der Luft ist etwas Zartes, Besänftigendes, das Gras ist kaum grün, die Bäume noch nackt, doch der Hauch des steigenden Saftes hat den Wind mit seinem wunderbaren Aroma versehen, das uns sagt: »Da ist er… er ist zurückgekommen…«

Lyon, die Place Bellecour und der Hügel von Fourvière.

In Lyon wurde Ostern durch den Kastanienbaum am 25. März angekündigt. Existiert dieser mutige Baum noch oder ist er den schwarzen Wintern des Krieges zum Opfer gefallen? Auf der Place Bellecour an der Ecke des Café de la Maison Dorée eingepflanzt, hatte er einen wohl begründeten Ruf. Er war nicht immer am 25. März bereit, aber er war der Erste, der sein frühlingshaftes Kleid anlegte. Nie haben Kinder diesen eifrigen Baum so inbrünstig gehütet wie wir, meine Schwester und ich. Wenn die Sonne Komplizin war, befreite er in zwei oder drei Tagen seine roten, vom Saft verschmierten Knospen von ihren Schuppen und wenn wir morgens unter seinem Schatten hindurch nach Saint-François gingen, maßen wir stolz seine Fortschritte. Manchmal fielen jedoch die Märzschauer über den Himmel her. Der Wind blies kälter, mit Schnee vermischte Regengüsse prasselten herab und wenn ich des Nachts von den Windstößen geweckt wurde, dachte ich traurig an den kleinen Kastanienbaum und seine vergeblichen Bemühungen, pünktlich zu sein.

Unterdessen wurde Mademoiselle Perrot, die Schneiderin, herbeigerufen. Die Tradition erforderte zu Ostern neue Kleider und Hüte. Genau wie beim Kastanienbaum. Wenn das Wetter schön war, zogen wir sie Gründonnerstag an, um die Sakramentsaltare zu besuchen. Prächtige Sakramentsaltare, die sich mit Hilfe von Spenden reicher Lyonnaiser als glänzende Jakobsleitern erhoben. Von dem Glanz reicher Pfarreien gehen wir weiter zu den bescheidenen Sakramentsaltären weniger begünstigter Kirchen.

»Welche Kirchen hast du geschafft?«, fragten wir uns unter Freundinnen, als wir unsere Leistungen miteinander verglichen. Und wenn ein unbekannter Name fiel, betrachteten wir die Forscherin mit der Neugierde und dem Neid, den die Helden ferner Expeditionen ernten.

Mademoiselle Perrot lief in Trippelschritten. Sie war eine kleine Person mit weißen Haaren, gekleidet mit gelbbraunem Plüsch und Kräuselfransen um den Hals, die ihr eine Art Bart verschafften. Sie war, glaube ich, mit einer anderen Mademoiselle Perrot verwandt, deren elegantes Geschäft in der Rue Victor-Hugo uns Respekt einflößte. Ihre Preise allerdings gingen weit über die von der Familienkasse festgelegten hinaus.

Man schnitt uns unsere Röcke sehr lang, denn wir wuchsen schnell, und wenn dieses Detail meiner Schwester auch gleichgültig war, so grämte es mich. Ich verknotete unter meinem Mantel einen Faden, um diesen zu langen Rock hochzuziehen, der mir das Aussehen eines Mädchens aus dem Waisenhaus verlieh.

Ein Sommer in Saint-Maurice

Saint-Maurice-de-Rémens.

Aufbruch nach Saint-Maurice

Biche und ich versuchen, die Nase an der Fensterscheibe platt gedrückt, die Bahnhofsdroschke zu erspähen. Sie war für ein Uhr bestellt. Der Zug fährt erst um zwei Uhr und die Koffer sind schon am Morgen mit Cyprien und der Köchin weggefahren, aber bis zum Bahnhof braucht man eine halbe Stunde, eine gute Viertelstunde wird benötigt, um die Tante aus der Pferdedroschke aussteigen zu lassen und um Illustrierte zu kaufen, die einem die Fahrt verkürzen, und wenn man nicht eine weitere Viertelstunde auf den Zug wartet, wird es keine richtige Reise.

Die Tante sitzt hochrot und mit verrutschtem Hut da. Ihre behandschuhten Hände, Reisehandschuhe von einem ziemlich schmutzigen Grau, drücken eine gelbe Ledertasche fest zusammen, die, wie wir wissen, Patience-Karten, ihre Kette und ihre Uhr, ein Fläschchen Karmeliterinnen-Wasser und Zuckerstücke, ihren Perlmutt-Rosenkranz, die Kofferschlüssel, ihre Ringschachtel und einige andere kleine Gegenstände von minderer Bedeutung enthält. Die wertvollen Sachen stecken in einer kleinen

Tasche aus dunklerem Leder, die am Gürtel ihres Kleides befestigt ist.

»Ja oder nein, Noémie, hat Cyprien die Droschke für ein Uhr bestellt?«

»Madame weiß es sehr wohl«, antwortet Noémie ungerührt. »Bleiben Sie ganz ruhig, wir werden den Zug nicht verpassen.«

Noémie, die mit ihrer Herrin in der dritten Person spricht, hat sofort die für unsere Gemeinschaft angemessenen pompösen Ansichten parat.

Biche macht das ungeduldig und sie wendet sich wieder *Semaine de Suzette zu,* die sie gerade gelesen hat. Fräulein beginnt einen Rosenkranz zu beten. Ich prüfe den Inhalt meiner Tasche: O mein Gott, ich habe in meinem Zimmer die Farbstifte vergessen. Ob man mir erlauben wird, noch einmal zurückzugehen? Die Fensterläden sind bereits alle geschlossen.

»Tante, ich gehe auf die Toilette…«

»Immer im letzten Augenblick.«

»Das überkommt sie wie eine Kolik, das muss einmal gesagt werden«, setzt Nana noch eins drauf.

»Lauf und öffne vor allem nicht die Fensterläden. Noémie, sorge dafür.«

Die Chancen stehen nicht gut. Schnell durchquere ich das Esszimmer und laufe den Korridor entlang. Die hermetisch geschlossenen Fensterläden verraten die Maisonne nur durch ein paar leuchtende Strahlen. Der Kachelofen im Vestibül, den ich im Vorübergehen streife, lässt einen erstarren wie ein Kadaver. Schnell, schnell betrete ich das Zimmer. Die Möbel sind verhüllt, die Teppiche aufgerollt, die Toilettengegenstände in Papiersärgen begraben. Die beiden Doppelbetten sind mit alten Laken bedeckt. Trunken atme ich den Geruch von Pfeffer, Kampfer und zerknüllten Zeitungen ein. Die Staubkörnchen tanzen wild in dem großen Lichtstreifen, der auf den Boden fällt. Dort sind sie, die Stifte, auf dem Tisch. Was für ein Glück!

»Monot, Monot, die Pferdedroschke ist da…«

Ich geselle mich wieder zu meiner Familie im Zimmer der Tante. Eine ungeordnete Begeisterung folgt auf die Untätigkeit von vorhin. Das Gepäck wird gezählt. Biche, ruhig und strahlend, trägt eine kleine Tasche, die der der Tante ähnelt. Ihr wird das Futteral mit den Regenschirmen zugewiesen. Nana trägt in jeder Hand einen großen Koffer.

Fräulein nimmt den Zeisigkäfig, wobei sie kleine Schreie ausstößt. Sie hat Angst um ihr Kleid.

»Los, Mädchen«, sagt Nana, »helfen Sie Ihrer Tante beim Hinuntergehen.«

Eilfertig gehorche ich. Nanas freundschaftliche Bezeichnung verrät eine scherzhafte Laune, die ebenso selten wie kostbar ist. Die Tante gibt mir ihre Tasche: »Pass auf bei dem, was du machst«, stützt sich schwer auf meinen Arm und hält sich mit dem freien Arm am Geländer fest. Die andere Tür des Treppenabsatzes öffnet sich: Es sind die Neffen der Tante. Das ganze Haus vom Keller bis zum Dachboden wird von Tantes Neffen bewohnt.

»Auf Wiedersehen, Tante... auf Wiedersehen, Tante...
Auf Wiedersehen, Bébé, Monot...«

Es folgen Umarmungen und herzliche Adieus.

Eine kleine Pause auf der ersten Etage: Weitere Neffen tauchen auf. Und wieder werden Herzlichkeiten und Umarmungen ausgetauscht. Die Tante gleicht dem Patriarchen Noah, der, bevor er die Arche besteigt, Abschied von den geopferten Eltern nimmt.

Wir gehen an der Conciergeloge vorbei. Madame Drevet ist schmutziger denn je. Bébé wendet angeekelt den Kopf ab. Am Arm der Tante bewahre ich Haltung. Aus der leicht geöffneten Loge dringt ein schrecklicher Küchengestank von abgestandenem Fett, Ranzigem und Sauergewordenem.

»Frau Gräfin hat schönes Wetter, um aufs Land zu gehen... Frau Gräfin hat Glück...!«

Die Tante hält ihr lächelnd zum Abschied einen Schein hin. Madame Drevet schmilzt dahin.

»Ich werde nie in den Wagen steigen können«, sagt Tante, »das Trittbrett ist zu hoch.«

»Soll man Frau Gräfin helfen?«, fragt die Concierge voller Eifer.

»Sie sind nicht stark genug! Ich wiege hundertsechzig Pfund. Rufen Sie den Kutscher!«

»Ist der Wagen gut gefedert, Kutscher?«, scherzt Nana.

»Sie brauchen nichts befürchten«, antwortet der Kutscher. »Ich bin große Gepäckstücke gewöhnt.«

Der Kutscher und die Concierge hieven die Tante

hoch. Nana überhäuft sie mit Aufmunterungen. Die Passanten bleiben stehen und lächeln. Ich würde am liebsten in einem Loch verschwinden. Das Ganze erscheint mir lächerlich.
Endlich sind wir verstaut. Bébé schnüffelt mit Begeisterung den Geruch der Droschke: Es riecht schon nach Bahnhof. Mir ist schlecht und ich bitte darum, dass ein Fenster geöffnet wird. Wir senden den auf den Balkonen versammelten Neffen Lächeln und Abschiedsrufe hinauf. Peitsch los, Kutscher! Wir holpern über das Kopfsteinpflaster… Die Tante beginnt, sich aufzuregen.
»Diese Pferde laufen nicht… Wir werden im letzten Augenblick ankommen. Noémie, wir werden gezwungen sein, auf den nächsten Zug zu warten.«
»Das werden wir sehen, wenn wir da sind«, antwortet Nana phlegmatisch.
»O mein Gott, meine Tasche… Wer hat meine Tasche?«
»Ich, Tante.«
»Ich hatte Angst…! Fräulein, passen Sie auf, Sie ersticken die Zeisige. Ihr Kleinen… meine Kleinen…«
Nana spricht, über den Käfig gebeugt, zu den Zeisigen mit einer zärtlichen und hohen Stimme, die sie bei den Vögeln und kleinen Kindern immer annimmt.
»Ihr Kleinen… was sind sie lieb, die Kleinen… ja, meine Hübschen… Wir gehen auf die Reise, ja, meine Piepserchen, wir werden in den Zug steigen… los,

Der Bahnhof von Ambérieu-en-Bugey.

esst eure Körnchen, meine Piepserchen... was seid ihr brav... ja, sicher...!«
Nanas Stimme bringt uns zur Raserei. Wir schauen eifrig durch die Wagentür auf die glatte und moirierte Rhône, die einem schillernden und zwischen zwei Ufern gespannten Stoff gleicht, auf die doppelte Platanenreihe, die auf der Uferstraße für dichten blauen Schatten sorgt... Dann sind wir am Bahnhof!... Tohuwabohu... Nach viel Lärm, unnötiger Aufregung, nach Trinkgeldern für die Angestellten und Empfehlungen der Tante sitzen wir schließlich in den smaragdgrünen Sesseln des Wartesaals. Die Tante liest *L'Echo de Paris*, Bébé *Le Journal de la Jeunesse*, ich *Les Belles Images* und Fräulein fährt mit ihrem Ro-

senkranz fort. Fieberhafte Lektüre, die durch das Gellen der Lokomotiven unterbrochen wird.
»Noémie, sieh mal nach, ob das nicht der Zug ist«, sagt die Tante bei jeder Maschine, die durch die Halle schnaubt.
»Madame möchte gern in alle Güterzüge steigen«, antwortet Nana ungerührt.
Unser Zug, ein kleiner Familienpersonenzug, rückt endlich an. Er verschlingt sonntäglich zurechtgemachte Bürger, Frauen mit Körben, Bauern, die wegen Geschäften gekommen sind. Die Verstärkung von zwei Bahnangestellten ist erforderlich, um die Tante in das ganglose Abteil zu hieven, wo die gehäkelten Schoner der Kopfpolster rätselhafte Initialen auf dem blauen Tuch ausstanzen. Der Zug setzt sich in Bewegung.
»Jetzt«, sagt Bébé strahlend, »geht's wirklich los. Monot, was wirst du machen?«
»Ich werde meine Briefe noch einmal lesen.«
Die Korrespondenz nimmt in unserem Leben einen wichtigen Platz ein. Biche tauscht durch die Vermittlung von *Saint Nicolas* und *La Semaine de Suzette* Postkarten mit der ganzen Welt aus. Auf ihnen sind keine Städte oder Bewohner (wie scheußlich!) oder schreckliche Denkmäler dargestellt, sondern der Dschungel, der Busch, das Meer, Tiere oder seltene Pflanzen. Am beliebtesten sind Bergblumen.
Und ich, ich korrespondiere mit Schulfreundinnen und mit meiner besten Freundin Régine; wir schicken einander Seiten um Seiten, die mit Federzeich-

nungen illustriert sind. Ich hole aus meiner Tasche ein Bündel heraus. Ich muss auch diesen Brief von Maman wieder lesen, den sie in Mans geschrieben hat, wo die beiden Jungen als Externe zu den Jesuiten in die Schule gehen. Sie kündigt ihre Ankunft in wenigen Tagen an und wird die kleine Didi mitbringen. Die Jungen werden bei Großvater wohnen oder Tante Marguerite kümmert sich um sie.

Welch ein Glück, Mutter und Didi wieder zu sehen! Die beiden Jungs werden uns ziemlich fehlen bei den Scharaden. Was für Spiele werden wir erfinden können? Nach und nach gleiten mir die Blätter aus den Fingern, das Schaukeln des Zuges, sein grollendes Schnaufen, der Rhythmus mit dem vorantreibenden Takt, die Bilder, die unter meinen gesenkten Augenlidern vorbeiziehen… Sie rücken auseinander… ich schlafe ein… nehme noch tanzende Lichter wahr, Stöße, das erstickte Gemurmel der Unterhaltung, aus dem sich dieser Satz des gerührten Fräuleins herauslöst: »Arme Kleine… wie fest sie schläft!« Und dieses kurze Zwicken im Herzen, die Freude, die einen am Atmen hindert.

»Monot, Monot, wach auf, wir sind da.«

Ah! Das blaue Abteil ist sonnenüberflutet. Auf dem Sand des Bahnsteigs helfen der Bahnhofsvorsteher und ein Angestellter der Tante beim Aussteigen. Von was für einer Milde man plötzlich umgeben ist. Die ländliche Frühlingsluft ist wie süßer Weihrauch. Die Düfte von Weißdornblüten, jungem Gras, von weicher, trächtigkeitsfeuchter Erde fluten von allen Seiten in Wellen heran, man kann sie gar nicht alle aufnehmen.

Bébé lacht über ihr ganzes rundes Gesicht: »Das riecht gut, was?«

Wir folgen der Tante, die am Arm des Bahnhofsvorstehers aufblüht. Man muss noch warten, bis der Zug, der in der Landschaft steht, seine Fahrt zu den blauen Bergen wieder aufnimmt, durch die wogenden Gräser und die Rapsfelder, die große goldene Quadrate bilden.

Der Zug setzt sich brav in Bewegung, wie ein gut aufgezogenes Spielzeug.

»Gehen wir hinüber, Frau Gräfin… Passen Sie auf Ihre Füße auf… Da!«

Die Droschke wartet. Eugène auf seinem Sitz trägt den Anzug für bedeutsame Tage. Seit langem schon ruht die Livree mit den Wappenknöpfen, den Elementen eines vergangenen Luxus, kampferüberzogen auf dem Dachboden.

Eugène springt herab. Ein breites Lachen zieht seinen Mund von einem Ohr zum anderen.

»Die Damen sind gut gereist… man freut sich sehr, die Damen und die Fräulein wieder zu sehen… ooh! Mac-Ora!«

»Guten Tag, Eugène… gibt es kleine Kaninchen?«

»Klar…«

»Blüht der Flieder?«

»Gut möglich, dass es schon vorbei ist. Es gibt jedoch sicherlich noch einige Stellen, an denen er voll erblüht ist.«

Die Straße verläuft gerade und weiß mitten durch die Wiesen.

Der Jura, nebelverschwommen, schließt den Horizont mit einem Rahmen ohne Tiefe ab. Eine Gruppe schwarzer Tannen in der Ebene, ein Glockenturm, der in den klaren Himmel hineinragt. Wir nähern uns... die ersten Häuser... Gerüche nach Dünger, kühlen Ställen... Die Hühner fliehen aufgescheucht unter den Füßen des Pferdes. Das Tor ist weit geöffnet. Mac-Ora dreht nach rechts ab, zieht einen gewaltigen Kreis um den Rasen und bremst mit allen vier Hufen vor der Veranda. Cyprien, in sommerlichem Anzug und frisch rasiert, eilt lächelnd herbei... Die Hunde vollführen, vor Freude jaulend, Luftsprünge.

Oh! Das wohlriechende Vestibül, wo die vom langen Winter feuchten Fliesen noch nicht die glänzenden Blätter der Clivia widerspiegeln... Der Garderobenständer und die Strohhüte, vom letzten Sommer rötlich verfärbt, die schäbigen Pelerinen, die Stöcke mit den großen, abgerundeten Griffen... die Schalen auf der Truhe, die von vergessenen Schätzen überfließen... Während die Tante, auf einem Koffer sitzend, sich über den Zustand der Dachrinnen unterrichten lässt, laufen wir geschwind durch die Zimmer, um mit einem Schlag die Seele des lieben, wieder gefundenen Hauses von neuem zu erfassen.

Wir öffnen alle Fenster. Die Sonne beleuchtet die Spiegel, die Vergoldungen, spielt mit den Fayencen, bewundert sich in den Bäuchen der Lampen, bringt hinten in der Anrichte den kleinsten Silberbecher zum Glänzen. Staubkörnchen tanzen wild durcheinander. Von dem warmen Wind gebläht, heben sich die Vorhänge wie zusammengefallene Lungen. Wird das Haus wie ein Schiff auf dem Gräsermeer davonfliegen? In den Räumen mit den vertrauten Gerüchen hallen die Stimmen wider. Die Wände antworten. Die Sessel recken sich und strecken uns die Arme entgegen. Vor Freude juchzend, probiere ich alle Sitzgelegenheiten im Salon aus.

»Tante, können wir unseren Nachmittagsimbiss zu uns nehmen?«

»Ja, ja, aber in der Küche. Was für eine Feuchtigkeit überall. Cyprien, machen Sie im kleinen Salon ein Feuer.«

In der Küche brummt der sauber geputzte Ofen einladend.

»Nun, Mesdemoiselles«, sagt Thérèse, »wir haben doch nicht unseren Magen in Lyon gelassen.«

Thérèse trägt auch eine Sommertracht. Ihre kleine, rote Nase ist in der Landluft nicht blasser geworden und ihr Knoten auf dem Kopf ist noch immer tadellos rund.

Wir nehmen uns kaum die Zeit, die großen Brotschnitten zu verzehren, auf denen die dick aufgetragene Butter nach Nüssen duftet. Wir rasen wie die Wilden durch den Park. Wir müssen die geliebten Örtlichkeiten wieder sehen, unter den Linden die gelben Narzissen pflücken, den Kaninchen guten Tag sagen, die ihre schwarzrosa Schnäuzchen gegen das

Gitter pressen: »Ja, meine Süßen, morgen führen wir euch spazieren«, im Moos die letzten Veilchen erspähen… »Schau mal, Biche, wie viele Erdbeeren es geben wird…«, sich im schon hohen Gras rollen und Pimpernellblätter mümmeln. Unter den Linden betrachten uns die oben sitzenden Buchfinken und schütteln den Kopf. Biche ist auf der Suche nach ihrer gezähmten Meise. Könnte sie tot sein? Aber nein, kann eine Meise sterben? Es ist Frühling. Wer würde es wagen, von Tod zu sprechen? Wir laufen vom Hühnerstall zum Heuschober, von der Molkerei zum Gemüsegarten, wo Joseph mit von einem großen, stummen Lachen gespaltenen Wangen seine Frühbeete mit fettem, feuchtem, nach Wald riechendem Humus füllt. Biche steigt zum Dachgeschoss hoch, wo sie ihr chinesisches Zimmer wieder findet. Inmitten ihrer Lackgegenstände kauert sie auf ihrer Matte und berauscht sich an den Lindenblüten, die seit dem letzten Sommer hier zum Trocknen liegen und ihre duftende Seele verströmt haben. Ich gehe meinen Bäumen, meinen Lieblingstannen guten Tag sagen. Ich umschlinge sie mit den Armen, ich singe ihnen ein kleines Lied und küsse ihre harzige Rinde. Sie sind schön, mächtig, treu: »Meine Lieben, wenn die kleinen Brüder da sind, bauen wir in euren Ästen Häuser.«

Am Abend liegen wir, von der frischen Luft müde geworden, Seite an Seite in dem Zwei-Bett-Zimmer, dem Zimmer der alten Ehepaare. Unten ist es noch zu feucht. Unter dem blauroten Baldachin höre ich

Biche kaum zu, wie sie ihre Glücksmomente rekapituliert.

»Es gibt natürlich zwei große: zum einen in Saint-Maurice zu sein und zum anderen Maman und die kleinen Brüder bald wieder zu sehen. Aber ich habe auch viele kleine: mein schwarzes Kaninchen, die neuen Samenkörner, die der Gärtner in die Erde gesät hat, das Nest der Nachtigall in den grünen Bäu-

Simone und Marie-Madeleine de Saint-Exupéry.

men, die Gartenwerkzeuge, die die Tante mir geben wird... der Herr Pfarrer... Hörst du mir zu?«

»Ja-a.«

»Und du, sag mir, was du als Glück empfindest.«

»Hm... mein Kaninchen... die Körner, die er gesät hat... hm... die Werkzeuge, die die Nachtigall mir... hm... das Nest vom Herrn Pfarrer...«

»Dummkopf«, sagt Biche zu mir.

Und während ich in ein köstliches Nichts hinüberdämmere, nimmt Biche die Blumen der Tapete, die die kleine Lampe mit einem zitternden Lichthof umgibt, als Vertraute und macht erneut eine methodische Bestandsaufnahme ihrer gegenwärtigen und zukünftigen Freuden.

Die weiße Ratte

»Antoine kommt morgen zurück!… Antoine kommt morgen zurück!…«

Auf den Brief von Großvater, der aus Mans verkündete, dass der Arzt wegen einer Eiweißkrise riet, die Ferien vorzuverlegen, folgte das Telegramm, das die Tante mit dem Ausruf »O mein Gott!« öffnete, denn ein Telegramm ist für sie das Synonym für Katastrophe. Sie hat es gelesen und dann wieder zusammengefaltet, wobei sie die Lippen schürzte und mich streng ansah, weil sie weiß, dass ich am neugierigsten bin. Biche, ihr Liebling, die niemals etwas fragt, aber alles weiß, kommt einige Augenblicke später und verkündet mir die Neuigkeit. Maman wird morgen nach Lyon fahren und den Gymnasiasten abholen.
Die Tante ist über die zusätzlichen Ferien nur mäßig erfreut. Antoine ist ein liebevolles, doch anstrengendes Kind, sagen die alten Leute aus der Familie. Er erklärt eifrig, ungestüm, mit Begeisterung und Vehemenz seine Pläne für Motoren und die Verbesserung von Maschinen.

Schüler im Institut Sainte-Croix von Mans, 1911–1912; man erkennt Antoine in der letzten Reihe (Zweiter von rechts).

»Um wie viel Uhr gehen die Kinder ins Bett?«, fragen Eltern und Freunde, die zunächst entzückt und dann am Ende ihrer Kräfte sind.
Doch für die drei Schwestern nur Freuden und Neuigkeiten in Aussicht!
»Was für ein Glück«, sagt Biche abends zu mir, als sie es sich im Bett für eine lange Unterhaltung bequem macht. »Das ist ein großes Glücksmoment für mich. Genau, ich hatte nämlich nur drei kleine. Ein großes Glück ist Antoine. Drei kleine: die Angorakaninchen, das Meisennest und die Geranien-

setzlinge. Und du, sag du mir deine Glücksvorstellungen.«

Ich habe nicht so viel wie meine ältere Schwester für die Statistik übrig; kaum bin ich im Bett, wirft mich der Schlaf wie ein großer schwarzer Vogel nieder.

»Hm… Antoine, natürlich… die Angorakaninchen… die Erdbeeren… die Kirschen… die Ge… ra… nie…«

»Oh! Schlaf nicht ein«, fleht Biche. »Wir haben uns so viel zu sagen. Meinst du, dass Antoine uns etwas mitbringen wird?«

»Hm… Hast du ihn darum gebeten?«

»Letztes Jahr hat Tante Marguerite ihm eine Schüssel Rillettes* für uns mitgegeben. Das war so gut. Und ich habe ihn um Rhododendronsetzlinge gebeten. Sie wachsen im Garten von Mans. Aber vielleicht tun sie das hier nicht.«

»Hm… nein… vielleicht…«

Und ich bin weg.

Am nächsten Morgen ist himmlisches Wetter. Die Linden duften. Maman ist nach Lyon gefahren, um Antoine abzuholen. Wir können uns kaum halten vor Ungeduld. Am Abend warten wir sehr aufgeregt auf der Veranda auf die Ankunft der Pferdedroschke, die die Reisenden vom Bahnhof mitbringt.

»Da ist der Wagen… da ist der Wagen…!«

Wir tanzen vor Freude. Strahlend steigt Maman aus

* Gebratenes Schweinemett (Anm. d. Ü.).

Der junge Antoine während seiner Schulzeit in Mans.

der Droschke und dann Antoine, größer geworden, etwas mager und ein wenig blass, aber breit lächelnd in seinem grauen Anzug, mit einem großen Krawattenknoten. Neben seinem Koffer trägt er eine merkwürdige Kiste aus weißen Holzgitterstäben.

»Guten Tag, Tante… Guten Tag, Biche… Guten Tag, Monot… Guten Tag, Didi… Oh! Wie ich mich freue…!«

»Guten Tag, mein Kleiner... Guten Tag, Tonio... Guten Tag, mein Tonio... Guten Tag, mein Liebling... Was hast du da unter dem Arm?«
»Seht, das ist eine weiße Ratte.«
»Wie widerlich«, sagt die Tante. »Eine weiße Ratte im Haus? Das verbiete ich dir!«
»Aber Tantchen! Die ist so lieb, ganz gezähmt. Sie folgt mir überall hin.«
»Wie allerliebst«, meint Biche.
»Tu sie hin, wo du willst, aber ich will sie nicht im Haus haben.«
»Tonio, wir bringen sie zu den Kaninchen.«
»Sie kommt, wenn ich sie rufe. Sie frisst mir aus der Hand.«
»Was frisst sie?«
»Alles. Sie ist so lieb und gehorsam, so anhänglich und lässt sich streicheln. Sie stellt sich auf ihre beiden Hinterpfoten. Sieh mal ihre rosigen Pfötchen. Sie mag vor allem Nüsse...«
Die Unterbringung der weißen Ratte im Kaninchenstall nimmt einige Zeit in Anspruch. Antoine bewundert die Angorakaninchen. Und wir gehen mit Fragen auf ihn los. Was hast du in Mans gemacht? Was hast du gespielt? Sind die Tanten nett?
»Ja«, sagt Antoine. »Aber sie sind streng. Wir müssen auf der Stelle gehorchen, François und ich. Wenn wir ungehorsam sind, bekommen wir die Peitsche zu spüren.«
»Und die Schule? Wie ist die Schule?«
»Oh! Die, also die ist toll! Die Pater sind nett. Vor

Der Flughafen von Ambérieu-en-Bugey in der Nähe von Saint-Maurice, wo der junge Antoine seine Flugtaufe hatte.

allem Pater Lenoir. In den Pausen machen wir tolle Spiele. Und dann gibt es eine schöne Singschule, die Quid'bœuf leitet. Er ist Komponist. Er hat Gesänge extra für die Schule komponiert und ich singe im Chor, aber keine Soli. Ich singe richtig, aber nicht sehr schön. Und wisst ihr was, ich werde Geigenstunden nehmen. Und bei Mertzizen lerne ich Deutsch. Er ist groß und dick. Er duzt die Schüler, hat eine laute Stimme und macht Witze, bei denen man sich biegt vor Lachen. Viele finden die Witze allerdings gar nicht komisch. Und dann, wisst ihr, mache ich bei der ›Action française‹ mit. Und mit Montliveau, Le Bihan und Baglion bilden wir einen

Geheimklub. Wir werden ihn ausbauen. Und wir werden eine Propagandazeitung gründen.«
Diese Neuigkeiten elektrisieren uns. Wir betrachten Antoine mit Bewunderung und Neid. Ein Geheimbund…
»Rechnest du gern?«, fragt Biche.
»Ja, das ist sehr amüsant. Geometrie auch.«
»Man muss rechnen können, um die Entfernungen der Sterne zu messen. Ich kann das nicht. Für mich ist das zu schwierig.«
»Ich werde sie dir ausmessen«, sagt Antoine und beruhigt dieses schwache Geschöpf. »Und ich habe eine Konstruktionszeichnung für einen Flugzeugmotor gemacht. Ich habe ihn da in meiner Brieftasche.« Er klopft sich aufs Herz.
»…ich habe sie unserem Physiklehrer gezeigt. Er meint, dass er sich drehen können wird. Ich werde ihn hier herstellen und ein kleines Flugzeug bauen und wir werden Spazierflüge über Saint-Maurice und Ambérieu machen. Wir werden die Leute grüßen, die uns völlig erstaunt anstarren und rufen werden: ›So etwas, aber das sind ja Antoine de Saint-Exupéry und seine Schwestern!‹«
»Oh! Tonio, das wird lustig. Aber wie schwierig das ist!«
»Wir gehen zu Prémilleu. Er wird das Gehäuse nach meinen Zeichnungen bauen. Und ich klebe die Leinwand darauf. Du kannst mir dabei helfen, Monot.«
»O ja«, antworte ich entzückt.
Das erste Läuten zum Abendessen ertönt. Mademoi-

selle Marguerite, die unter den Linden an ihren Spitzen arbeitete, holt die Kleinen zum Händewaschen. Antoine fordert auch sie auf, in seine Maschine zu steigen. Sie lehnt energisch ab. »Die Jungen denken nur an eines, wie sie sich den Hals brechen können. Ich will lieber einen schönen Tod sterben.«

Fräulein erscheint am Fenster des Studierzimmers und macht mir heftige Zeichen. Ich tue so, als verstünde ich nicht.

»Wo schlafe ich?«, fragt Antoine.

»Du bist im Puppenzimmer.«

»Toll! Ich habe ein Zimmer für mich. Glaubst du, dass die Tante böse werden würde, wenn ich die Ratte in mein Zimmer brächte? Die arme Kleine, sie wird sich langweilen ganz allein.«

»Wir geben ihr ein gutes Abendessen in ihrer Kiste. Morgen wird gemäht. Wir setzen sie mit den Kaninchen ins Gras. Und dann bauen wir ihnen gemütliche Häuser.«

»Morgen müssen wir früh aufstehen, um mit dem Flugzeug anzufangen. Und dann bauen wir uns ein Baumhaus. Ich verstecke meine Motorpläne darin«, sagt Antoine.

»Und ich«, erwidere ich, »ich schreibe einen Roman. Ich habe ein neues Heft und ein Fläschchen rote Tinte.«

»Und wir bauen auch ein Haus am Boden, für Didi, die noch zu klein ist. Und wir werden mehrere Häuser haben und man wird nie wissen, in welchem wir gerade sind…«

Dieses verlockende Programm wird jedoch durch die Erwachsenen vereitelt. Antoine wird nach Bublane fahren und bei dem Herrn Pfarrer, der ein guter Lateiner ist, Latein lernen. Und ich, ich werde eine Klassenarbeit in Geografie vorbereiten. Fräulein teilt mir mit, dass sie das Thema heute Morgen aus Lyon erhalten habe. Der Morgen wird der Gewässerkunde Frankreichs gewidmet werden.

»Mein armes Kind, ich bedaure dich«, sagt Antoine. »Die Kerle lernen nie Geografie. Es ist niederschmetternd.«

Am nächsten Morgen fährt Antoine mit dem Fahrrad nach Bublane und ich mühe mich den ganzen Morgen im Studierzimmer ab, das nach Tinte und Klebstoff riecht. Durch das leicht geöffnete Fenster dringt jedoch immer wieder sanft ein Duftschwall von Lindenblüten und frisch gemähtem Gras herein. Ich werfe ängstliche Blicke auf die Zeiger des Zifferblatts. Sie gehen nicht weiter. Aber dann, endlich. Das erste Läuten zum Mittagessen befreit mich. Im Galopp geht es die Treppe hinunter.

Direkt zur weißen Ratte: Ob sie die Brotkrusten und den Käse und die Nüsse gefressen hat, die wir ihr gestern in ihren Käfig gelegt haben? Vor dem Käfig finden wir einen bestürzten Antoine. Der Käfig ist leer.

»Oh! Die Arme... es ist schrecklich... sie ist abgehauen...«

»Das ist unmöglich... das Gitter war fest zusammengezogen!«

»Sie hat sich gelangweilt. Sie fand es weniger lustig als in Mans und hat ein Loch gebohrt.«

»Aber nein, sieh doch, Monot. Die Kiste war stabil.«

»Die Tante mochte sie nicht. Sie hat sie töten lassen!«

Gleichgültig gegenüber unserer Angst, hoppeln die Angorakaninchen umher, schnüffeln mit ihren rosigen, zitternden Nasenlöchern an uns und spitzen erstaunt ihre samtigen, durchscheinenden Öhrchen. Verstört und entrüstet schenken wir ihnen keinerlei Beachtung. Sitzt der mutmaßliche Mörder an so hoher Stelle?

»Oder ist es der Gärtner, der Angst vor ihr hatte und sie getötet hat?«

»Ich werde ihn mindestens acht Tage lang nicht grüßen«, sage ich voller Groll. »Ein schutzloses Tier zu töten…«

Didi weint. Aber warum sich lange in Traurigkeit ergehen? Im Juni entfaltet das Land verschwenderisch seine Schönheit, seine Gaben, seine Verheißungen. Abends in der ruhigen und klaren Luft beim Sonnenuntergang, der ins Grünliche übergeht, verfolgen die Mauersegler einander mit Freudenschreien. Der Lindenduft ist so beherrschend, als könnte man ihn berühren. Den ganzen Tag hat die Sense das Gras zu langen, regungslosen Wellen erstarren lassen. Ein verbotener Bereich wird uns wiedergegeben, ist jedoch seines Geheimnisses, seines gleitenden Schmuckes beraubt, in den der Wind Dünungen grub und

Simone im Park.

silbrige Reflexe stanzte. Die Fliederbüsche, die, von einem grünen Schaum gepeitscht, dahinsegelten, enthüllen als gestrandete Schiffskiele feste Bande mit der Erde. Wir nehmen diese Landhäuser in Besitz, in denen die neue Saison Schätze angehäuft hat: dichtes Moos wie Samt, ein von der Nachtigall verlassenes Nest… Wir richten uns ein… hier, mein Salon… ich werde dich dorthin einladen… hier das Studierzimmer, wo ich Didi lernen lassen werde.
»Ich werde nicht lernen«, antwortet Didi, die, ihres Charmes und ihrer Macht sicher, sich hartnäckig weigert, Rechtschreibung zu lernen.

Wir suchen auf allen vieren auf dem duftenden Boden Grillen. Verliebt und aggressiv auf der Lauer am Rand ihres Loches, veranstalten sie des Abends ein höllisches Getöse. Wir werden Grillen zähmen. »Zähmen heißt Beziehungen schaffen«*, wird später der Kleine Prinz sagen. Wir haben zur ganzen Natur eine Beziehung. »Weißt du«, sagt Antoine zu mir, »der Pfarrer von Bublane hat mir Messwein zu trinken gegeben. Er ist ausgezeichnet. Der Pfarrer findet, dass ich gut in Latein bin. Wenn ich morgen früh genug komme, werde ich bei der Messe ministrieren. Er ist sehr, sehr nett.«
Er zögert einen Augenblick.
»Sag es nicht weiter, das ist ein Geheimnis. Vielleicht werde ich später Priester.«
Wenn der Abend mit seinen Wohlgerüchen kommt, veranstalten die Grillen ihren höllischen Lärm. Betäubt von ihrem Gezirpe und trunken von dem frisch gemähten Heu, höre ich träumerisch den Plänen eines kleinen Jungen zu, den die Fülle des Lebens noch nicht erstickt hat und dessen gerade und einfache Zukunft sich am Wesentlichen orientiert.
»Sag mal, Monot, glaubst du, dass die weiße Ratte eine Seele hat?«
Abends rekapituliert Biche ihre Glücksmomente: »Antoine, natürlich. Wir werden uns die Sterne zu-

* Die Übersetzung im *Kleinen Prinzen* lautet: »Zähmen heißt sich vertraut machen.« Die oben verwendete Fassung entspricht dem Originaltext (Anm. d. Ü.).

sammen ansehen. Er wird Großvater um ein dickes Buch bitten, das in der Bibliothek in Mans steht und in dem die Planeten farbig sind. Dann die Häuser, die wir den Kaninchen im Heu machen. Dann... Schläfst du?«

»Hm... ja...«

»Wie langweilig du bist«, sagt Biche. »Keine Möglichkeit, mit dir zu reden. Zum Glück habe ich jetzt Antoine.«

Und sie dreht sich zur Wand.

Bibelstunde

Antoine, François und Didi stehen mit schlenkernden Armen und missmutiger Miene um mich herum.
»Monot, wir langweilen uns… Komm spielen!«
»Ich will nicht spielen. Fräulein hat mir einen Saum zum Nähen gegeben.«
»Dann erzähl eine Geschichte.«
»Gern. Was für eine Geschichte wollt ihr hören?«
»Eine Geschichte mit Feen.«
»Nein, eine Geschichte, die Angst macht.«
»Da haben wir eine hübsche. Die Hexe, die in eine Kröte verwandelt wird.«
»Die hast du uns schon erzählt.«
»Stimmt nicht. Ich habe von einer Kröte erzählt, die in eine Hexe verwandelt wurde. Das ist nicht dasselbe.«
»Gut, erzähl also.«
Die drei Kleinen setzen sich um mich herum auf die Erde. Ich lehne an einer Linde. Ihr Stamm kratzt mich am Rücken, aber es ist so schön unter den Linden. Ich habe mich hier niedergelassen, um meine Strafarbeit zu machen. Denn ich war ziemlich unver-

schämt. Fräulein hatte zu mir gesagt, dass es um mich, wenn ich weiterhin aus dem Fenster schaue, statt Geografie zu lernen, bei der Klassenarbeit so schlecht bestellt wäre wie beim letzten Mal. Ich habe fröhlich geantwortet: »Ja und? Was macht das schon?« Da hat Fräulein gerufen: »Du lieber Gott...!« Sie hat angefangen zu weinen und um ungezwungener weinen zu können, hat sie sich in ihrem Waschraum eingeschlossen. Meine Reaktion war die der Verachtung. »Sie ist blöd!« Leider hatte ich sehr laut gedacht und als sie mit strenger Miene und nicht mehr weinend aus dem Raum herauskam, sagte sie zu mir: »Als Strafe für Ihre Unverschämtheit werden Sie nicht mit Ihren Brüdern und Schwestern spielen, sondern den Saum der alten Schürze nähen, die Sie Ihrer kleinen Schwester geben.«
Ich säume lieber, als dass ich Departements auswendig lerne, und bin eilfertig hinausgegangen. Zu nähen, während man dem Buchfink zuhört, ist sehr unterhaltend. Das ist keine Strafe. Im Gegenteil. Und jetzt sitzen die drei Kleinen mit weit aufgerissenen Augen um mich herum und ich beginne zu erzählen.
»Es war einmal eine Hexe, die mit einer Eule, zwei Katzen, einem Schwein, einer Elster, zwei oder drei Hühnern und einer weißen Ratte allein im Wald lebte. Sie war hässlich und böse und die Bewohner aus dem benachbarten Dorf hatten Angst vor ihr und gingen nie an ihrer Hütte vorbei, weil sie ihre Bosheiten fürchteten...«

»Was hat sie ihnen getan«, fragt François, der es immer genau wissen will.
»Na ja, sie hatte ihre Tiere dazu abgerichtet, sie anzugreifen. Die Katzen besprangen sie und kratzten sie, das Schwein biss sie in die Füße und die Elster versetzte ihnen eins mit dem Schnabel und hieb ihnen die Augen aus.«
»Böses Tier«, ruft Didi.
»Ich mag Elstern nicht«, sagt Antoine. »Sie schreien zu laut. Aber offenbar schmecken sie gut. Erinnerst du dich, wie wir Rosalie gesagt haben, sie soll eine braten, um dem Herrn Pfarrer einen Streich zu spielen? Er hielt sie für ein Huhn, wenn auch kein sehr gutes, und hat sie gegessen.«
»Nein, das war ein Rabe, ein junger Rabe.«
»Und was hat er gesagt, als er wusste, dass es ein Rabe war?«
»Er hat gesagt, dass er es wohl gemerkt hätte.«
»Die großen Leute sagen das immer«, meint Antoine.
»Oh, Monot, mach weiter mit deiner Geschichte von der Hexe und der Elster.«
Ich mache den Mund auf, schon ganz betört von der erstaunlichen Rolle, die sich für die Elster abzeichnet, als plötzlich die Stimme Mamans ertönt: »Kinder, wo seid ihr?«
»Wir sind unter den Linden«, antworten vier junge Stimmen etwas enttäuscht, weil es schon Zeit für die Bibelstunde ist. Maman geht die Freitreppe hinab und nähert sich. Sie trägt ein eng anliegendes Ober-

Lesestunde in Saint-Maurice mit François, Simone und Didi, von der ältesten Schwester fotografiert.

teil mit einem hohen, fischbeinverstärkten Tüllkragen, der von einer kleinen Rüsche eingefasst ist, und mit ganz oben an den Schultern eingesetzten Ärmeln mit langen Manschetten; ein sehr hoch sitzender Lackgürtel hält ihren weiten Rock zusammen, der über die Knöchel hinausgeht und beim Gehen raschelt. Ihre weißen Schuhe haben lange und schmale Spitzen. Seit dem Tod meines Vaters trägt sie nur Weiß, Schwarz, Violett oder Mauve. Sie kauft ihre Kleider in der Rue de l'Hôtel-de-Ville und ihre

Schuhe lässt sie sich nach Maß anfertigen. Das ist ihr einziger Luxus. Wir sind sehr stolz auf unsere Mutter und wenn sie sich (was selten ist) etwas Neues kauft, richte ich in ungezwungenem Ton Fräuleins Aufmerksamkeit darauf: »Haben Sie, Fräulein, den hübschen Hut gesehen, den Maman bei der Hochzeit des Vetters Le Tourneur getragen hat?«
»Für solche Nichtigkeiten interessiere ich mich nicht«, antwortet Fräulein trocken.
Ich bin enttäuscht.
Maman kommt mit ihrem auf den weißen Schuhen schwingenden Rock auf uns zu. Sie hat ein Buch in der Hand, die biblische Geschichte. Sie setzt sich auf die Bank, obgleich sie sich gewöhnlich auch gern mit dem Rücken an die Linde setzt. Doch die biblische Geschichte erfordert ein wenig Feierlichkeit. Wir gruppieren uns um sie herum. Biche kommt aus dem Gemüsegarten, wo sie ihre Töpfe gegossen hat. Sie trägt eine riesige Schürze aus grauem Leinen mit schottischen Litzen, für die sie eine Vorliebe hat. Ihre schwarzen, glänzenden Haare sind nach hinten gebunden und mit einer Spange zusammengehalten. Im Gegensatz zu Didi und mir ist Biche auch nicht für einen Pfennig kokett...
»Wo sind wir stehen geblieben«, fragt Maman sie, denn Biche hat ein ausgezeichnetes Gedächtnis.
»Bei dem Leidensweg unseres Herrn«, antwortet Biche.
Da beginnt Maman mit einigen Blicken ins Buch als Stütze zu erzählen und wir hören gefesselt zu. Als die

Geschichte endet, ist die Entrüstung auf dem Höhepunkt.
»Was für böse Leute, die Hebräer«, sagt Biche.
»Ich würde«, wirft Antoine ein, dessen großherzige Natur kocht, »sagen, wenn die bösen Leute Maman töten wollten: ›Ich verbiete euch, Maman zu töten, tötet mich an ihrer Stelle.‹«
»Ich auch«, ruft Biche.
»Das ist sehr schön, meine Lieblinge«, sagt Maman gerührt. »Und du, Monot, was würdest du sagen?«
Was bin ich verlegen! Maman töten lassen, wie schrecklich! Mich töten lassen…? Auch undenkbar.
»Ich würde antworten: ›Tötet niemanden!‹«, sage ich schnell.
»Und du, François?«
François denkt eine Sekunde nach, dann antwortet er sehr ernst: »Ich hätte gesagt: ›Tötet nicht Maman, tötet nicht mich, tötet vielmehr meine Schwester Didi.‹«
Wir brechen alle in Lachen aus bis auf Didi, die ziemlich böse auf ihr Dickerchen ist, ihren vertrauten Spielgefährten. François genießt für den Augenblick seinen Erfolg. Die Bibelstunde ist beendet.

Scharaden

»Die Tricauds kommen… die Tricauds kommen…!« Wir eilen auf die Veranda. Es ist wirklich das Auto der Tricauds, das majestätisch den Rasen in der Mitte umkreist und vor uns hält. Die ganze Familie ist gekommen. Monsieur, Madame, Madeleine, Jacques, Minette und Bijou. Wir stoßen Freudenschreie aus. Jetzt werden wir Scharaden spielen können, da wir ja nun wirklich eine imposante Truppe sind. Wir nehmen erst einmal unseren Nachmittagsimbiss zu uns, dann stellen wir für die Eltern, die zukünftigen Zuschauer, Stühle in die Halle und beraten uns. Es ist sehr wichtig, das richtige Wort auszusuchen, mehr wegen seiner Silben als wegen seiner Bedeutung.
»Also hört mal«, meint Jacques. »Wir müssen eine Anspielung auf die zeitgenössische Geschichte wählen.« Jacques ist etwas pedantisch. Meine Brüder finden ihn wichtigtuerisch und schulmeisterlich. Aber das ist nur eine Fassade. Er misst einfach manchen Details eine Bedeutung bei, die für die anderen keine haben.

Es herrscht gerade Krieg zwischen den Türken und den Bulgaren. Einer von uns schlägt »Kanone« vor. Nein, das haben wir schon gespielt. Dann: »Gewehr?«
»Ich geh, geh!...«, meint die präzise Madeleine. »Das ist einfach. Nur was machen wir mit ›wehr‹?«
»Wenn ich doch ein König wär...«
»Das ist nicht wäääär, das ist weeeehr.«
»Das ist also nicht so gut. Ändern wir es in ›Schlussstrich‹.«
Wir übernehmen Schlussstrich.
»Schluss? Schluss von was? Jahresschluss. Alle feiern.«
»Man sagt Jahresende.«
»Richtig. Schluss eines Wortes. Man sagt ein Schlusswort sprechen.«
»Hm... Das ist alles nicht sehr komisch. Und schau dir Didi an! Wie wenn sie wollte, dass wir einen Schlussstrich ziehen. Das ist alles wie eine Predigt, bei der man kein Schlusswort findet.«
»Genau, eine langweilige Predigt, bei der alle einschlafen.«
»Ja, ja. Das wird lustig. Alle Pfarrkinder schlafen ein und Hochwürden schnarcht.«
Hochwürden wird von Antoine dargestellt. Er ist mit einem Morgenmantel bekleidet, der nach außen gewendet wurde, weil er rot gefüttert ist. Antoine wird in einen riesigen Sessel gedrückt. Biche ist der Prediger. Sie hat als Chorhemd ein zu kurzes Nachthemd über einem Rock von Fräulein an, der als Soutane fungiert. Sie steigt auf einen Stuhl, betrachtet die

Zuhörerschaft mit strengem Blick und leiert unverständliche Sätze herunter. Das Publikum gähnt lauthals. Der eine sagt zum anderen, das Programm vorwegnehmend: »Meine Ungeduld verlangt nach dem Schlusswort.« Hochwürden rutscht ungeduldig in seinem Sessel hin und her, man stiehlt ihm seine Rolle. Er platzt überstürzt und sehr laut heraus: »Dieses Gebrabbel hat weder Hand noch Fuß, weder Sinn noch Reiz, weder Anfang noch Ende… ich sehe nicht den *Schluss*.« Dann schläft er ein, schnarcht kräftig und lässt sich schließlich auf eines seiner Pfarrkinder fallen.

Der zweite Akt besteht aus einer Diskussion zwischen dem Vater (Jacques), der Mutter (mir) und der Tochter Didi. Wir wollen sie verheiraten, weil sie gerade zwanzig geworden ist und die Freier aufmarschieren: Der erste ist von schwachem Geist und lächelt dümmlich, der zweite ein Krüppel, der dritte taubstumm etc. Didi lehnt sie hartnäckig ab und sagt zu ihren Eltern: »Sie sind wirklich zu ›hässlich‹ und ich liebe nur meinen Hund.«

Zu guter Letzt stellen wir die Schlacht von Lüleburgaz dar, in der die Bulgaren eine Salve auf die Türken loslassen. Mit Stöcken bewaffnet, die die guten Kanonen von Creusot darstellen, schießen wir auf Befehl auf jeden türkischen Soldaten (fünf im Ganzen, an ihren riesigen Turbanen erkennbar) eine Kugel ab. Sie brechen einer nach dem anderen zusammen, wobei sie so schreckliche Schreie ausstoßen, dass die Hunde zu bellen anfangen.

Leider haben wir die Scharade zu gut gespielt und kein Mensch durchschaut das Ganze, nicht einmal Madame de Tricaud, die gewöhnlich einen gut entwickelten Verstand hat. Aber alle haben sich gut amüsiert.

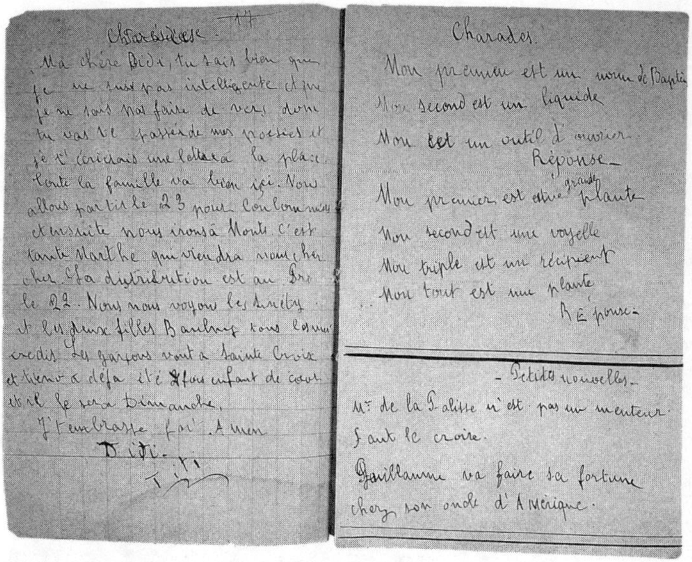

Ma chère Bidi, tu sais bien que je ne suis pas intelligente et que je ne sais pas faire de vers donc tu vas te passer de mes poésies et je t'écrirais une lettre à la place. Toute la famille va bien ici. Nous allons partir le 23 pour Coulommiers et ensuite nous irons à Monts. C'est tante Marthe qui viendra nous chercher. La distribution est au [illegible] le 22. Nous nous voyons les [illegible] et les deux filles [illegible] tous les mercredis. Les garçons vont à Sainte Croix et [illegible] a déjà été [illegible] enfant de cœur et il le sera Dimanche.

J't'embrasse fort. Amen

Titi.

Charades.

Mon premier est un nom de Baptême

Mon second est un liquide

Mon est un outil d'ouvrier.

Réponse –

Mon premier est une grande plante

Mon second est une voyelle

Mon triple est un récipient

Mon tout est une plante

Réponse –

– Petites nouvelles –

Mr de la Palisse n'est pas un menteur. Faut le croire.

Guillaume va faire sa fortune chez son oncle d'Amérique.

Scharaden, von den Kindern in ein kleines Notizbuch mit dem Titel »L'Amusette« (»Zeitvertreib«) geschrieben.

Marie de Saint-Exupéry am Ufer des Albarine.

Der schöne Garten

Die unerbittliche Sonne zerfrisst das Gras, die Bäume und die Blumen. Nicht ein Windhauch bewegt die drückende Luft, und nur das Zittern des Lichts bewahrt der entkräfteten Natur einen Anschein von Leben.

Erschöpft haben die Tante und ich Zuflucht in der Halle gefunden, wo die geschlossenen Fenster für eine kellerhafte Frische sorgen. Von den inneren Türen sind beide Flügel geöffnet, sodass das große Haus doppelt so groß wirkt. Die Fliesen glänzen wie klares Wasser, in dem sich die Pflanzengruppen wie grüne Inselchen spiegeln. Wenn ich den Mut hätte, würde ich barfuß hin und her laufen, so warm ist mir. Ich habe jedoch Angst, die Tante zu wecken, die mit einer ausgebreiteten Zeitung auf den Knien eingeschlafen ist und die der geringste Lärm hochfahren ließe:

»Simone, du bist unerträglich!«

Also bleibe ich brav, ohne mich zu bewegen, mit einer Näharbeit in den Händen. Ich betrachte die grünen Pflanzen mit dem scharfen, glänzenden Blattwerk und die Geranien von einem Rot wie rohes

Fleisch. Einmal ist der Rosenduft vorherrschend, einmal der Geruch nach Wachs und Terpentin, der dem Salon entströmt, dann wieder der nach Brot und frischem Leinen, der aus dem Esszimmer dringt. Durch die zusammengehakten Fensterläden erahnt man eine flammende Sonne. Wie schön das hier ist, wie schön…! Ich betrachte die Tante. Ihr Kopf ist ein wenig nach hinten gefallen, aus ihrem Mund dringt ein merkwürdiges Geräusch, das keinesfalls ein Schnarchen ist. Gelegentlich platzt eine Speichelblase am Mundwinkel. Eine Hand zerknittert die Zeitung, die andere hängt entspannt und ganz schlaff herunter. Sieh mal an, am kleinen Finger trägt sie die gelbe Kamee; man sieht sie nicht oft.

Plötzlich dringen entsetzliche Schreie zu uns… ein wilder Galopp auf den Kieselsteinen; die Tante fährt zusammen und wacht auf. Sie richtet sich mühsam auf und schluckt den Speichel hinunter; ihre sofort forschenden Augen suchen überall.

»Was ist das?… Was gibt's?… Deine Brüder vermutlich. Diese Kinder sind unerträglich!«

Behänd steht sie auf, nimmt ihren Stock und geht zur Tür, die sie einen Spalt öffnet. Eine glühende Luft, die nach heißen Steinen und versengtem Blattwerk riecht, dringt bezwingend ein. Die Tante schließt die Tür.

»Das ist unerträglich…! Was für eine Temperatur…! Simone, geh schnell und schau, was sie machen. Sag ihnen, sie bekommen zum Nachmittagsimbiss trockenes Brot.«

Ich erhebe mich voller Bedauern.
»Ja.«
»Ja, wer...? Ja, mein Hund?«
»Ja, Tante.«
Ich gehe ärgerlich hinaus und schlage die Tür zu. Es genügt ihr nicht, mich zu stören, sie muss mir auch

Lektürestunde in Saint-Maurice.

noch meine Unhöflichkeit vorwerfen. Ich bin unhöflich, ich weiß... Ich bin unverschämt, rechthaberisch, empfindlich – einverstanden. Meine vierzehn Jahre lassen Ermahnungen nicht zu. Ich hatte mich entgegenkommenderweise erhoben und das war mir hoch anzurechnen.

Die Luft erdrückt mich. Man schluckt Feuer und die Brust keucht. Die glitzernden Kieselsteine brennen in den Augen. Doch wer wird zehn- und zwölfjährige Knaben daran hindern, zu laufen und aus vollem Hals zu schreien, wenn schon die kleinste Bewegung vernünftigen Leuten den Schweiß aus den Poren treibt?

Vor dem Haus ist niemand. Ein Huhn pickt trockenes Gras. Andere graben sich im Schatten der Lorbeersträucher, wo die täglich gegossene Erde frisch ist, Löcher nach ihren Körpermaßen, wälzen sich glücklich hinein und strecken den Kopf mit geöffnetem Schnabel heraus.

Ich laufe ums ganze Haus. Ein Windstoß aus dem Süden erschüttert die glühende Luft und die toten Blätter vollführen eine Farandole, einen provenzalischen Tanz, und fallen dann wieder auf den Boden und ihr leises Säuseln wirkt wie ein unterdrücktes Keuchen.

Ich entdecke meine Brüder unter den Linden, über eine völlig in Anspruch nehmende Beschäftigung gebeugt. Als ich näher komme, steigt mir ein entsetzlicher Gestank nach warmem Öl, Gummi und Lack in die Nase.

»Was macht ihr da?«
»Ah! Du bist es!... Pst, sag nichts... schau!«
Neugierig trete ich näher heran. Sie haben Mamans Bewässerungsschlauch genommen, die Flasche Brennspiritus, den Kocher, den kleinen Motor und eine Schüssel Wasser. Sie haben weiß der Himmel was für ein System von dampfbetriebener Bewässerung gebaut.
»Es ist nur ein Versuch«, sagt Antoine. »Verstehst du, wir wollen einen Garten anlegen und da es sehr trocken ist, erfinden wir eine verbesserte Bewässerung. Die Schüssel da bleibt nicht. Wir werden eine Zisterne graben und sie selbst zementieren.«
»Ihr habt doch den Teich vor der Nase.«
Antoine sagt verächtlich zu mir: »Der ist für den Gärtner.«
»Wenn die Tante euch sieht, wird sie euch bestrafen. Warum habt ihr so geschrien? Sie schickt mich, um euch zu sagen, dass es am Nachmittag nur trockenes Brot gibt.«
»Antoine wollte unbedingt das Blei von meinem falschen Fünf-Franc-Stück schmelzen, um damit in der Schüssel ein Loch zu stopfen.«
»Du hast ihn hoffentlich daran gehindert.«
»Nein, ist schon passiert.«
François deutet auf eine schwärzliche Amalgammasse, dem unförmigen Rest von einem glänzenden Geldstück, von dem er hoffte, es irgendwann einmal eintauschen zu können. Mit Fantasie oder mit Willen begabt, erreicht Antoine immer seine Ziele.

»Du wirst uns helfen, Monot. Nimm die Schaufel und fang mit dem Graben an. Wir brauchen mindestens fünfzig Zentimeter Tiefe.«
»Ah! Und das bei dieser Hitze...!«
»Oh! Beeil dich, bevor die Tante wach wird...«
»Sie ist schon wach...«
»Aber stell dir vor, Monot... wir werden einen schönen Garten ganz allein für uns haben. Wir werden alles pflanzen: Kohl, Karotten, Kartoffeln, Rüben...«
»Nein, nein, keine Rüben«, erwidert François. »Die schmecken nicht.«
»Wir verkaufen alles an die Tante. Wir werden Geld haben... Wir geben dir ein bisschen ab«, sagt Antoine großzügig.
Die Aussicht auf diesen Garten betört mich. Nur wie die Hoffnung hegen, ihn unter den Linden anlegen zu können, Tantes ganze Freude und ganzer Besitzerstolz! Es käme überhaupt nicht in Frage, diese vierfache Reihe wunderbarer Bäume zu verschandeln, die im Frühling den Park mit ihrem Duft erfüllen, ein summendes Bienenvolk ernähren und im Herbst die Alleen mit einem hinreißenden roten Vlies bekleiden.
»Suchen wir einen anderen Ort«, sage ich mit Autorität. »Hier ist es zu nahe am Haus. Und dann kommen auch die Hühner. Sie fressen alles.«
Meine jüngeren Brüder sind zerknirscht. So wie die Hebräer, als die Wut der Ägypter sie zwang, ihre Zelte abzubauen und anderswo ein gastfreundliches

Land zu suchen. Allerdings lässt die Richtigkeit meiner Beobachtungen keinen anderen Schluss zu.
»Wohin gehen wir dann?«, fragt François.
»Wir werden suchen«, antwortet Antoine. »Stell den Motor ab und schaff alles weg.«
Noch ein Blick des Bedauerns auf das mit so viel Mühe ausgearbeitete Fundament und wir ziehen im Gänsemarsch davon. François trägt das Werkzeug und den Gummischlauch, der wie eine tote Schlange über den Boden schleift.
Antoine drückt zärtlich den warmen, öligen Motor an sein Herz und ich bilde mit der vollen Wasserschüssel, die mir bei jeder Erschütterung die Füße begießt, den Schluss des Zuges. Uns strömt der Schweiß aus allen Poren, doch zäh und gleichgültig gegenüber Widrigkeiten wandern wir wie eine lange Reihe von Emigranten die große Allee entlang.
»Bei der Hecke«, schlägt Antoine vor, »wachsen viele kleine Bäume, die man roden könnte. Das wäre ein Ort, der nur für uns allein da wäre, niemand würde uns sehen.«
Wir biegen nach rechts ab und gehen unter den großen Fichten weiter; der frische Geruch des Mooses und der harzfeuchten Baumstämme ist wie Balsam auf unseren verquollenen Gesichtern, trotz allem widerstehen wir der Lust, uns im Schatten auszustrecken, und verlassen diese glückselige Gegend.
Das ist unser Ort. Er ist mit kleinen Maulbeerbäumen übersät, rührenden Bäumchen, die einen kleinen Stab mit zwei oder drei gezackten Blättern trei-

ben, die so groß wie die ausgewachsenen sind. Man möchte sagen, Kinder, die sich mit dem Hut ihres Vaters herausgeputzt haben.

»Bleiben wir hier«, sage ich. »Hier sind wir richtig.«

Wir stellen unsere Lasten auf dem Gras ab. In der Schüssel ist kaum noch Wasser. Wir fangen schweigend und mit System an zu arbeiten; doch die Erde ist so hart, dass wir, als es zum Nachmittagsimbiss läutet, gerade einen Quadratmeter freigelegt haben. Antoine wischt sich mit einer von der Erde schwarzen Hand über die Stirn. Der Schweiß perlt in großen, farblosen Tropfen an unseren Haarwurzeln. Wir sind alle drei krebsrot und sehr zufrieden.

»Du darfst niemandem etwas sagen, hörst du, Monot.«

»Klar.«

»Ich habe Durst«, meint François. »Gehen wir was essen.« Im Raum der Bediensteten waschen wir uns die Hände. Im Esszimmer stoßen wir auf die Tante, die sich auf ihren Stock stützt. Sie mustert uns mit argwöhnischer Miene.

»Wo wart ihr?... Was habt ihr gemacht?... Euch so brav zu sehen ist beunruhigend.«

»Wir haben im Garten gespielt, Tante.«

»Und Dummheiten gemacht, wette ich. Na ja, ich geh nach dem Abendessen nachsehen.«

Wir sind überzeugt von der Rechtmäßigkeit unseres Tuns und lehnen es ab zu antworten. Als Imbiss gibt es eine Schale Dickmilch und einen braunen

Antoine (rechts), der in Saint-Maurice über seine jüngeren Geschwistern wacht: François und Didi.

Tontopf mit Honig. Trotz der heruntergelassenen Vorhänge und der zugezogenen Fensterläden klebt ein Heer von Fliegen im Honig. François erklärt, eingemachte Fliegen seien vorzüglich und schluckt eine hinunter, um uns dazu zu bringen, Schreie des Entsetzens auszustoßen.

Biche und Didi gesellen sich zu uns. Vorübergehende Sympathien sorgen für zufällige Gruppierungen unter uns fünfen, die sich ebenso schnell bilden wie auflösen. Heute tragen wir drei, die ein gemeinsames Geheimnis miteinander verbindet, gegenüber den anderen, die neugierig sind, rätselhafte Mienen zur Schau.

»Was habt ihr gespielt?«

»Ach! Nun...«

Antoine drängt François, der nie fertig wird mit Essen und Trinken, und wir brechen wieder auf mit einer Gießkanne voller Wasser.

»Wann werden wir das Gemüse pflanzen?«, fragt François, den ausschließlich der essbare Teil interessiert.

»Nach dem Essen«, erwidert Antoine, »werde ich Karotten und Salat ausgraben, die wir dann wieder einsetzen, und dann Kartoffeln; weißt du, wir schneiden sie in vier Teile und jedes Stück ergibt eine neue Pflanze.«

Die abnehmende Hitze vermehrt unseren Eifer. Wir haben die Arbeit unter uns aufgeteilt, damit es schneller geht. Antoine gräbt, mit einer Hacke bewaffnet, am Fuße eines jeden Strauchs ein Loch.

François ist nach vielen Protesten und großem Geschimpfe damit beauftragt, die Gießkanne am Teich zu füllen, die in das Loch geschüttet wird, um die Erde aufzuweichen. Wenn die Wurzeln genügend freigelegt sind, ziehen wir alle drei. Das Holz reibt an den Händen und die Haut brennt. Manchmal bricht der Baum ab, manchmal die zu langen Wurzeln nicht. Da ist es an mir, sie auf Kosten meiner Fingernägel aus dem Boden zu zerren. Ah, welch schöne Arbeit! Warum setzt man diesen Eifer nur bei freiwilligem Tun ein?

Die Sonne, die an einem heiteren, blauen Himmel versinkt, verlängert am Boden den Schatten meiner Bäume. Die Vögel fangen mit ihrem Abendgezwitscher an und fliegen für die Zeremonie des Sonnenuntergangs von Zweig zu Zweig. Mückenschwärme kreisen wie wild in den schrägen Strahlen. Die Erde verändert ihre Farbe, von Gold über Rosig zu Rot. Das erste Läuten zum Essen trifft uns schwitzend und zerzaust an. Unsere Knie und unsere Espadrilles sind mit schwarzer, feuchter Erde bedeckt. Antoine reibt sich die Nase, die ebenso schwarz wird wie seine Knie.

Schon ertönt die Stimme von Fräulein, die uns mit allen Echos ruft. Hinter der Hecke auf der Straße holpern die Wagen von den Feldern zurück. Das leichte Trippeln der Ziegen wechselt mit dem schweren Passgang der Kühe ab. Männerstimmen und Frauengeschrei steigen in die trockene und klangvolle Luft.

»Gehen wir zurück«, dränge ich, »man darf uns hier nicht finden.«
Beim Essen, während wir brav um den weißen Tisch sitzen und in dem Leuchten der Dämmerung der scharfe Geruch der Lorbeerblüten und der Moschus von den Geranien durch die Fenster dringt, lauschen wir Tantes Klagen über den Zustand des Gemüsegartens:
»Verstehen Sie, Herr Pfarrer (denn für den Herrn Pfarrer ist an diesem Abend wie an vielen anderen ein Gedeck aufgelegt), verstehen Sie, ich habe nicht eine Erbse, die Karotten wachsen nicht, die Kartoffeln vertrocknen, der Kohl fault… Und Joseph hat mir gesagt, dass es in vier Tagen kein Wasser mehr in den Teichen geben und dass man gezwungen sein werde, zum Fluss zu gehen.«

Der Ain, von Biche fotografiert.

Wir wechseln heimlich verschwörerische und triumphierende Blicke. Vier Tage! In vier Tagen wird unser Garten guten Nutzen abwerfen. Ah! Wenn die Tante wüsste, wie dankbar sie uns sein wird... Und Besitzerstolz bläht unsere Herzen.

Hundstage

Die durch die Trockenheit leeren Teiche haben die Voraussagen von Joseph Wirklichkeit werden lassen. Dreimal am Tag wird eine riesige Tonne am Fluss gefüllt. Wir dürfen die Männer begleiten. Wir setzen uns hinter die Tonne auf die Querbalken des Fuhrwerks und rumpeln den großen Hang des Dorfes hinunter. Eugène führt das Pferd. Joseph bildet den Schluss des Zuges. Joseph ist der Gärtnergehilfe. Mit seinem knochigen, flachen Kopf und den langen Zähnen ähnelt er den Hechten, die er sonntags verbotenerweise fischt und die er der auf Fisch versessenen Tante verkauft.
Joseph ist mit der Landschaft verwachsen. Schweigsam und reserviert wie er ist, bindet er sich schwer. Wenn wir Einheimischen begegnen, betrachtet er sie mit verschmitzter, unnahbarer oder verächtlicher Miene und folgt ihnen mit argwöhnischem Blick, demselben Blick, mit dem er dem silbrigen Blitz der Forellen und den sich bewegenden Flecken der Saiblinge auflauert. Es gibt für ihn nur eine Liebe, das Schloss, nur eine Sorge, sein Garten, und nur eine Zerstreuung, das Fischen. Jeden Sonntag, ob es regnet oder bläst, ob der

Fischfang freigegeben ist oder nicht, bricht er mit seinen langen, linkischen Schritten auf. Für diese Expeditionen zieht er große Stiefel an und seine von unten her ausladende Gestalt, die oben mit einem winzig kleinen Kopf endet, ist eine der merkwürdigsten, die es gibt.

Abends kommt er zurück, die Stiefel lehmbeschmiert, die Hände schuppenverklebt und nach Schlamm und Minze stinkend. Auf dem Küchentisch breitet er seine Ausbeute aus: kantige Hechte mit weißem Bauch, rosig getupfte Forellen, Lotten mit schwarzen Punkten, alles köstliche Gerichte, denn, so sagt die Tante:

»Um Lotteleber zu essen,
Würde eine Frau ihren Rock vergessen.«

Die schlaffen, bewegungslosen Tiere starren einen mit rührenden Augen an und Todeszuckungen lassen das Silber ihrer Schuppen aufleuchten.

»Wie viel will Madame mir dafür geben?«

Die Tante, die Hände auf den Hüften, Rosalie und Nana bilden einen bewundernden Kreis um die Fische herum. Joseph wirft die Tiere auf das Kupfertablett und macht zerknirscht Gewichtsangaben.

»Na, gut, mein Junge, das ist kein verlorener Tag für dich…«

Die Tante zieht ihr Portemonnaie heraus.

»Aber pass auf… an einem dieser vier Morgen werden sie dich schnappen.«

Joseph entblößt mit einem breiten, stummen Lachen sein blasses Zahnfleisch.
»Madame kann beruhigt sein. Der mich zu fassen bekommt, ist noch nicht geboren.«
Er drückt bedachtsam sein Geld an sich.
»Du wirst mich ruinieren«, sagt Tante, die niemals der Verlockung eines guten Bissens widersteht. »Versuch für nächsten Sonntag Lachsforellen zu fangen. Ich habe Gäste.«
»Man tut, was man kann. Guten Abend meine Herren, Damen, guten Abend alle miteinander…«
Damit geht er, das Bein hinter sich herziehend, davon, während die Frauen das Loblied dieses ruhigen, bedächtigen Jungen singen, der nicht den Mädchen nachläuft und nie ins Wirtshaus geht.
Er hat uns sehr gern und für unsere kleinen Sünden eine Unmenge an Nachsicht. Er leiht uns sein Werkzeug, fertigt welches für uns an, repariert die Motoren meiner Brüder und ihre gemarterten und mitgenommenen Fahrräder. Einmal willigt er ein, sie mit zum Fischen zu nehmen, doch danach nie wieder. Antoine behauptete, Joseph habe weniger Fische gefangen als er, Antoine, und sei von Eifersucht gepackt. Wir hatten eher vermutet, dass meine Brüder durch ihr Tamtam die Fische in die Flucht geschlagen hätten.
»M'sieu Antoine«, meint Joseph. »Beugen Sie sich nicht so weit rüber. Wenn das Pferd eine Erschütterung verursacht, rollen Sie unter die Räder und man sammelt Sie als Matsch wieder ein.«

»Mein alter Joseph«, erwidert Antoine, den diese Aussicht nicht aus der Ruhe bringt, »du leihst mir morgen deine Angel zum Fangen von Elritzen.«
»Ja schön, damit Sie völlig durchnässt heimkehren und Madame mit mir schimpft.«
Wir lassen das Dorf hinter uns. Die Hecken sind voll roter Früchte und blauvioletter Schlehen, die der Staub weiß geschminkt hat. Bevor sie nicht der erste Frost süßer gemacht hat, haben sie einen scharfen, sauren Geschmack, der einem den Mund zusammenzieht.
Der Staub, den das Pferd aufwirbelt, ist warm. Er riecht nach Sommer, verbranntem Gras und trockenem Stein.
Wir erblicken die Brücke, das ruhige Wasser, das jeden Tag weiter absinkt. Doch so lange der Mensch zurückdenken kann, hat man es nie ganz versiegen sehen und kein Mensch ist beunruhigt.
»Ah!«, sagt Joseph, »das ist nicht wie in den Bergen. In den Allymes sind sie jetzt vierzehn Tage ohne Wasser, die Menschen wie die Tiere. Sie müssen sieben Kilometer weit laufen, um welches zu holen. Das ist wirklich eine Notlage.«
»Endstation… alle Mann aussteigen«, ruft Eugène mit seiner fröhlichen Stimme und hebt Didi in seinen Armen herunter. Wir haben eine halbe Stunde, um uns die Zeit zu vertreiben; für Vergnügungen ist also gesorgt. Wir werden große Kunst machen.
Wir gehen den Wasserlauf hinauf. Der Fluss hat, indem er zurückwich, einen Strand weicher Erde, leh-

Bei einem Spaziergang am Wasser entlang: Simone, François und Didi.

miger Erde freigelegt. Wir verschaffen uns einen Vorrat klebrigen, lauwarmen Schlamms und setzen uns aufs Gras, ein schönes, dichtes und grünes Gras, das nach so vielen verdorrten Wiesen erholsam ist. Jeder überlässt sich seiner Inspiration. Antoine, Dichter und sentimental, knetet verschieden große Vogelnester und legt zahllose Kugeln hinein, welche Eier darstellen. Er versucht, auf dem Rand des Nestes eine Vogelmutter zu formen, sie lässt jedoch, wie François zu ihm sagt, das Nest wie einen Kochtopf aussehen und er gibt auf. François macht Torten, Pasteten, alle möglichen Kuchen. Er ahmt die Dekorationen der Konditoren nach, indem er mit einem Halm Muster zeichnet. Er klebt Kieselsteinchen darauf, zackt aus, schneidet aus und knetet.

»Rate, was das ist, Tonio!«

»Weiß ich nicht… Du nervst mich.«

»Sag du was, Monot.«

»Ist das eine Blutwurst?«

»Nein, das ist ein Schokoladeneclair. Siehst du nicht die Creme, die an einem Ende herauskommt?«

Von höheren Bestrebungen getrieben, bemühe ich mich, einen menschlichen Kopf zu formen. Antoine ist seine Nester leid und kommt, um mir zu helfen. Bei ihm geht das schnell. Er fertigt eine mehr oder weniger runde Kugel an, höhlt zwei Löcher aus für die Augen, eines für den Mund und fügt ein Stück für die Nase hinzu. Er reiht seine Anfertigungen auf: »Das ist Maman, das die Tante, das ist Nana, wenn sie wütend ist, das ist Rosalie etc. etc.«

»Kannst du sie mit nach Hause nehmen?«, schlägt François vor. »Sie werden sich alle freuen, ihre Abbilder zu sehen.«

»Vor allem, weil sie so ähnlich sind«, sage ich. »Warum hast du dem Herrn Pfarrer einen Bart gegeben?«

»Weil es mir nicht gelungen ist, ihm einen Mund zu machen«, antwortet Antoine.

»He, meine Herren, meine Fräulein«, ruft Eugène. »Es geht wieder los.«

»Wo tun wir das alles hin?«, fragt Antoine. »Es wäre schade, alles wegzuwerfen.«
Wir legen unsere Werke übereinander in die Höhlung einer Weide und gehen zu Eugène und Joseph. Schweißtriefend erfrischen sie sich an einer Feldflasche.
»Sie können sich die Hände waschen«, sagt Eugène. »Man wird mit Ihnen schimpfen, wenn Sie so schmutzig sind.«
Wir brechen von neuem zu Fuß auf, da die Tonne voll ist und die Straße ansteigt. Die Männer gehen langsam. Eine Wasserspur, die aus der Tonne rinnt, zeichnet eine dunkle Arabeske in den Staub.
Die Kleinen klammern sich an mich.
»Erzähl eine Geschichte, Monot.«
»Oh! Mist!«
»O doch, sei nett... bitte... Beeil dich... wir sind gleich da.«
Ich lasse mich der Form halber bitten, dann zähle ich drei Titel auf.
»Der Zauberring, der goldene Igel oder der Geisterwolf.«
Man stimmt für den Letzteren und ich fange aufs Geratewohl an, indem ich auf gut Glück Ideen und Bilder aneinander reihe, um den Titel mit Inhalt zu füllen. Die Knaben haben die besten Plätze belegt und die protestierende Didi an meine Fersen verwiesen.
»Es war einmal ein Schloss, das einsam mitten in einem großen Wald stand; in diesem Schloss wohnte eine alte Prinzessin, die böse und hässlich wie die

Nacht war. Sie hatte eine Tochter von großer Schönheit…«
»Sie hatte was?«, jammert Didi. »Ich verstehe nichts.«
»Macht nichts«, meint Antoine. »Fahr fort, Monot.«
»Dieses Mädchen hatte weizenblondes Haar und Augen so blau wie das Immergrün im Wald… Didi, tritt mich nicht in die Waden!«
»Aber ich verstehe nichts. François, rück mal ein bisschen.«
»Was ist die nervig, dieses Mädchen!«
Es folgt eine heftige Diskussion, die in einem Kompromiss endet. Jeder muss einmal den benachteiligten Platz einnehmen. Ich nehme den Faden der unterbrochenen Geschichte wieder auf und trage unwahrscheinliche Begebenheiten und tragische Wendungen zusammen. Wenn ich die Situation nicht entwirren kann, werde ich mich davon befreien und eine andere, »noch witzigere« Geschichte vorschlagen. Die Kinder hören, an meinen Armen hängend, hingerissen zu.
»…und das junge Mädchen sah in den mondhellen Nächten einen großen, schwarzen Wolf unter ihren Fenstern vorbeitraben…«
Ein Schauder überkommt die Zuhörer. Ich lasse eine Minute Schweigen folgen, um die Wirkung der Erzählung zu genießen, und schließe dann: »Genug für heute, ich bin müde.«
»Oh, Monot, sei lieb… noch ein bisschen… bis zu dem Baum dahinten… nein, bis zum Tor.«
Mein Erzählerstolz, der mit seinen Effekten am Ende

ist, bleibt unerbittlich. Außerdem sind wir angekommen. Wir laufen los, um dabei zu sein, wenn die Wanne gefüllt wird. Es ist eine große Wanne für die Wäsche, in die die Tonne entleert wird. Bevor mit dem Gießen begonnen wird, dürfen die drei Kleinen in der Wanne baden und Biche und ich sehen neidisch und voller Bedauern zu, wie sie herumplanschen. Wir selbst sind zu groß, es wäre nicht mehr »schicklich«.

Als sie strahlend, pitschnass, die Haare angeklatscht und mehrmals mit Nachtischentzug bedroht (sie wollten nicht aus dem Wasser heraus) hinaufgegangen sind, um sich für das Abendessen umzuziehen, füllen Eugène und Joseph ihre Gießkannen. Ein dichter Regen fällt auf die von der Hitze erschlafften Geranien und Reseden nieder. Die Farben werden wieder aufgefrischt, die berieselte Erde dampft wie ein Weihrauchfass. Die wieder belebten Pflanzen tropfen leise ab. Man möchte fast meinen, sie schütteln sich.

Die Tante hat sich ihren Sessel auf die Veranda bringen lassen. Ihr scharfer und lebhafter Blick folgt dem Treiben der Gärtner und macht die Karren aus, die am Ende des Hofes einen lebendigen Fries entfalten. Die Sonne, groß, rund und skalpiert, versinkt in einem rötlichen Nebel.

Wir helfen den Männern und knapsen etwas Wasser für unseren armen Garten ab. Die Tante, die ihre Augen überall hat, hat das jedoch bald mitbekommen und verbietet uns, dieses kostbare Wasser zu verschwenden. Zerrissenen Herzens geben wir den Garten auf, so wie Nomaden ihr verwüstetes Lager verlassen. Immer wenn wir in seiner Nähe vorbeigehen, versetzt es uns einen kleinen Stich im Herzen wie vor dem Kadaver eines vertrauten Tieres. Ach! Wenn es doch regnen würde...! Die Tante ist Pessimistin.

»Die Trockenheit dauert bis zum 15. August an«, verkündet sie prophetisch.

Der Herr Pfarrer

»Tante, Maman… Dürfen wir gehen?«
»Ja, ja… geht nur… Aber nein, Fräulein, bleiben Sie… trinken Sie in Ruhe Ihren Kaffee.«
Es ertönt Lärm von freudig zurückgeschobenen Stühlen, fröhliche Hüpfer, das Rutschen über die glänzenden Fliesen und das geräuschvolle Schließen der Türen. Endlich! Die Erwachsenen sind unter sich. Während der ganzen Mahlzeit mussten sie die Kinder überwachen, sie zum Schweigen bringen, den gellenden Lachausbrüchen Einhalt gebieten und auf gute Manieren achten: »Schneide das Stück noch einmal durch… Man isst den Käse nicht mit den Fingern…« Endlich… kann man Tabuthemen in Angriff nehmen, die kleinen Dorfdramen, die Missetaten der Politik, die Skandale, die von *Le Nouvelliste* und *L'Echo de Paris* aufgedeckt wurden.
Der Herr Pfarrer ist jeden zweiten Tag anwesend und seine Meinung hat großes Gewicht; er ist ein intelligenter und mit gesundem Menschenverstand ausgerüsteter Mann. Seinen alten Posten als Mathematiklehrer in Bourg hat er aus gesundheitlichen Grün-

den aufgeben und sich in diesem kleinen Dorf mit dreihundert Seelen niederlassen müssen, wo er im Übrigen geliebt und geachtet wird, denn man ist stolz auf einen solch gelehrten Pfarrer, der auch noch so gut reden kann.
Er wurde früh Waise und so hat er seine alte Tante

Die Pfarrkirche von Saint-Maurice.

mit ins Pfarrhaus genommen, wo sie ihm so etwas wie ein Zuhause schuf. Die Tante ist nun tot. Sensibel wie er ist, bedarf er der Zuneigung, der Gesellschaft und des Gedankenaustausches. Nun werden in diesem Dorf die kleinsten Taten unter die Lupe genommen und er kann nie für das eine oder andere seiner Schäfchen eine Vorliebe bekunden, ohne dass darüber getuschelt wird. Die Einsamkeit, die ihm die Vorsicht auferlegt, kann erdrückend werden. Zum Glück gibt es das Schloss, dieses große, von Kindergeschrei erfüllte Haus, wo den ganzen Sommer über Eltern und Freunde einander die Klinke in die Hand geben und für ein lebendiges Miteinander sorgen. Es ist noch eine Zeit, in der das Leben leicht ist; die Dienerschaft ist kein Problem und Nahrungsmittel sind billig. Der Herr Pfarrer hat bei uns immer sein Gedeck. Er wird zum diskreten Vertrauten und zum noch diskreteren Ratgeber, denn Ratschläge sind nur zulässig, wenn sie wie Ansichten formuliert werden, die niemanden verpflichten; die Empfindlichkeit in dieser Hinsicht ist in dieser Zeit so ausgeprägt, dass einige das Gegenteil von dem tun, was ihnen vorgeschlagen wurde, um ja ihre Unabhängigkeit und Klugheit zu behaupten. Deshalb nimmt der Herr Pfarrer, wenn die Tante eine Frage in den Raum stellt, eine zweifelnde Haltung ein, stützt einen Ellbogen auf den Tisch, legt sein Kinn in die eine Hand, wobei er die Unterlippe nach vorn schiebt, und reibt sich mit der anderen Hand die Nase, die dick und ein wenig rot ist. Die Situation ist delikat. Man darf der Hausherrin, die ihn wie ein Familienmitglied behandelt und an einer zu direkten Einmischung Anstoß nehmen könnte, nicht missfallen.

Als Priester mit einem großen Herzen ist ihm vor allem daran gelegen, behilflich zu sein. Und ist es nicht seine wahre Aufgabe, die Klagen und die Beschwerden anzuhören und mitzuempfinden?

Meine Mutter hat sich einen Augenblick lang entfernt, um sich um uns zu kümmern. Da macht die Tante ihrem Herzen Luft… ihre Nichte arbeite zu viel… sie mache sich kaputt… Die Jungen seien unerträglich… Nächsten Sonntag wolle sie den Chor mit zu einem Picknick nehmen… bei einer solchen Hitze!… Eugène und Josoph seien ganz erledigt vom Wasserholen am Fluss… Die Last eines vollen Hauses wiege schwer auf den Schultern einer alten Frau, die zwar stark sei wie eine Eiche, die gerne viele Leute um sich habe, gerne spiele und gerne esse… doch all die Sorgen riefen bei ihr Verstopfung hervor, ebenso wie eine zu reichhaltige Ernährung und der drückende Sommer. Sie brauche Ruhe, Erholung und Kühle…

»Mein Mann hat sich um alles gekümmert, Herr Pfarrer. In einem Haus braucht man einen Mann. Wir sind beide Witwen, meine Nichte und ich… das ist eine traurige Situation…«

»Sie haben einen ausgezeichneten Verwalter, Madame.«

»Ja, das stimmt. Und Cyprien und Noémie sind eine große Hilfe. Sie haben so sehr meine Gewohnheiten übernommen. Ich kann ihnen alles überlassen. Doch zwei Frauen allein! Meine Nichte hat noch ihre Kinder, aber ich... Nach meinem Mann hat mir Gott mein kleines Mädchen genommen... mein einziges Kind... es ist am Krupp, dieser schrecklichen Krankheit, gestorben!«

»Ja, das ist eine schwere Prüfung. Aber er hat Ihnen dafür Entschädigungen geschickt. Sie haben es dank Ihres großen Herzens verstanden, sich eine neue Familie aufzubauen. Er hat Ihnen eine liebe, kleine Gefährtin verschafft, die kleine Marie-Madeleine...«

»Ja, sie ist mein Ein und Alles. Dieses Kind ist ein Engel. So liebevoll, so zärtlich. Nur ist sie weniger kräftig als ihre Geschwister, die stabil gebaut sind. Ich bin niemals ruhig. Ach! Herr Pfarrer, die Ruhe ist nicht von dieser Welt.«

Der Herr Pfarrer kratzt sich an der Nase. Genau das sagt er häufig von der Kanzel. Doch hier hält er keine Predigt. Zum Glück gibt es für traurige Gedanken eine wirksame Ablenkung: sich in Begeisterung über das eingenommene Mittagessen ergehen, das Abendessen, das kommen wird, die Vorzüge der Butter (von unseren Kühen) rühmen, der Eier (von unseren Hühnern), des Gemüses (aus unserem Garten); und was den alten Branntwein angeht (aus unseren Kellern), hat man nie einen besseren...

Ach ja, gerade kommt Cyprien ins Esszimmer zurück.

»Cyprien«, sagt Tante, »geben Sie dem Herrn Pfarrer etwas von dem alten Branntwein.«

Cyprien entkorkt die Flasche und ein kräftiger Duft liebkost des Herrn Pfarrers Nasenflügel. Er riecht kennerhaft an dem geschliffenen Glas, das er jetzt fest mit seiner Hand umschließt und sorgfältig wärmt.

»Ah! Madame, beklagen Sie sich nicht zu sehr. Ihre Familie hat Ihnen wunderbare Erbstücke hinterlassen. Ich habe noch nie solchen Branntwein getrunken. Er ist nicht mit Gold aufzuwiegen.«

Die Tante lächelt. Sie ist stolz auf ihren Branntwein, der aus der Charente kommt. Sie trinkt nichts davon, er ist den Männern vorbehalten. Sie gibt sich damit zufrieden, in kleinen Schlucken ihr Glas Chartreuse zu

Der Salon des Schlosses.

schlürfen, und François, das größte Leckermaul der Familie, leert häufig diskret die letzten Tropfen, die im Glas übrig geblieben sind. Meine Mutter kommt aus dem Garten zurück, nachdem sie uns (Mädchen) Handarbeiten zugeteilt hat. Gleich wird sie sich zu uns gesellen und uns mit lauter Stimme die *Chronik der Regierung Karls IX.* von Prosper Mérimée vorlesen. Es gibt Passagen zum Überspringen; jede von uns kommt an die Reihe mit Lesen, wobei die schon vorher mit Bleistift angestrichenen Passagen gewissenhaft zu vermeiden sind.

Wir verlassen fröhlich den Tisch, um in den kleinen Salon zu gehen. Im Vestibül wartet Antoine mit einem Blatt Papier unter dem Arm.

»Warum bist du nicht bei den anderen?«, fragt die Tante misstrauisch.

»Tante, ich möchte dem Herrn Pfarrer etwas zeigen.«

»Was ist es, mein Schatz?«

»Hier, das ist ein Motor, ein Motor für mein Fahrrad.«

Der Herr Pfarrer lässt die Tante in den kleinen Salon vorausgehen und setzt sich in einen Sessel. Antoine steht neben ihm und hält ihm seine Pläne hin. Der Herr Pfarrer nimmt das Blatt Papier, setzt sein Lorgnon auf, hält das Papier etwas weg und streicht sich über Kinn und Nase.

»Sehen Sie, es ist alles da, die Kolben, die Ventile, die Kolbenstangen ...«

»Und mit was läuft dein Motor?«

»Ich werde einen kleinen Benzinbehälter hinten anbringen. Der Schlauch wird an der Stange entlang verlaufen.«

»Hör zu, mein Schatz, du hast schon einen Unfall mit einem Motor gehabt, der deinem Bruder fast ein Auge ausgeschlagen hätte… glaub mir… fang nicht an mit Benzin zu spielen, das ist zu gefährlich.«

»Glauben Sie, dass mein Fahrrad mit einem Segel fliegen könnte?«, fragt Antoine und betrachtet seinen Motor mit der enttäuschten Liebe eines Vaters, dessen Sohn durchs Abitur gefallen ist.

»Warum nicht? Das ist eine fabelhafte Idee, ein fliegendes Fahrrad. An windigen Tagen ist das sicher sehr amüsant.«

Und der Herr Pfarrer tätschelt ihm entzückt die Wange und begibt sich in den kleinen Salon, wo der Tisch zum Bridgespielen aufgestellt ist. »Dieses Kind ist außergewöhnlich naturwissenschaftlich begabt«, sagt er vor sich hin.

Antoine, der sich ermutigt fühlt, sucht Nana auf, um sie um alte Laken zu bitten. Es wird ein Fahrradsegel daraus entstehen.

*

Die Tante, Maman und Biche verbringen einige Tage in Divonne-les-Bains, um sich etwas Kühle zu verschaffen. Sie haben Fräulein mitgenommen. Wir bleiben mit Moisi allein zurück. »Ich werde auf sie aufpassen«, sagt der Herr Pfarrer, der einen Plan hat.

Am Tag nach der Abreise taucht er nach dem Mit-

Aufbruch zu einer Spazierfahrt.

tagessen auf. »Wir machen eine Spazierfahrt. Eugène spannt Mac-Ora vor die Droschke.« Die Freude ist groß. Wir drängen uns in den Wagen und auf geht's nach Chalamont, das zehn Kilometer entfernt liegt. Das schafft Mac-Ora leicht. Er braucht Bewegung. Es ist sehr lustig, mit dem Herrn Pfarrer, der das Land in- und auswendig kennt und alles erklärt, einen Ausflug mit dem Wagen zu machen. Nachdem wir den Fluss Ain hinter uns gelassen haben, fahren wir die Steigung hinauf und die Landschaft verändert sich. Wir sind in den Dombes, in dem Land der Wälder und der Teiche, wo es kaum Hügel gibt und keine Berge im Hintergrund wie in Saint-Maurice; es ist ein dennoch reizvolles Land mit seinen Wäldern, in denen die silbrige Birke vorherrscht, mit seinen üppigen Gehöften, seinen Teichen, den unerschöpflichen Fischgründen, seinen gewässerreichen Gärten, wo Seerosen, gelbe Iris und goldene Garben ein Völkchen quakender und hüpfender Frösche beherbergen, die lärmend untertauchen, wenn Spaziergänger vorbeikommen, und dann wieder neugierig ihre dreieckigen Köpfe mit ihren großen Augen und ihrem weiß beringten Hals aus dem Wasser strecken. Eugène ist sehr zufrieden. Von seinem Sitz aus schwatzt er mit dem Herrn Pfarrer. Sie tauschen Kommentare über das Land und seine Bewohner aus, denn wie er ist auch Eugène aus der Gegend. Der Herr Pfarrer ist vergnügt. In Chalamont steigen wir aus und während Mac Ora sich ausruht, bietet er Eugène eine Runde Weißwein an. Die Kinder haben einen Anspruch auf Limonade. Wir statten natürlich auch der Kirche einen kleinen Besuch ab und dem örtlichen Pfarrer, der ein Freund ist und der auch seine Runde Wein anbietet. Da er keine Limonade hat, trinken wir Weißwein und finden ihn vorzüglich.

Bei Sonnenuntergang verlassen wir Chalamont. Die ganze Ebene ist in rote Glut getaucht. Der Jura, samtig weich durch einen leichten Nebel, zieht am Horizont eine Wand auf, von der sich Saint-Maurice, um seinen spitzen Glockenturm herumkauernd, abhebt. Mac-Ora trottet munter dahin. Er riecht den Stall und die Straße geht bergab. Wir singen Choräle und Eugène singt lauter als die anderen. Er ist Kantor in der Kirche und diese Lautstärke seinem Stolz schuldig.

»Morgen geht es weiter«, sagt der Herr Pfarrer zu uns, als er sich verabschiedet.

Wir fahren acht Tage lang mit ihm, Eugène und Mac-Ora durch die Umgebung. Für ihn sind es zweifellos Pilgerfahrten zu den Stätten seiner Kindheit oder seines Apostelamts und ohne dass wir uns dessen bewusst sind, ersetzen wir ihm seine fehlende Familie. Er braucht Zuneigung und will vielleicht auch seinem Pfarrhaus und dem Drachen, der es bewacht, entfliehen: seinem Dienstmädchen. Ich habe selten eine so garstige Person gesehen. Platt und viereckig wie ein Brett, mager und dunkelhäutig, schmückt sie sich mit falschen Zähnen und falsche Haare rahmen mit Blumenbändern ihr eckiges Gesicht ein. Man begreift, wenn man sie ansieht, dass unser Hirte von Zeit zu Zeit eines weniger demoralisierenden Schauspiels bedarf. Wollte er sich, als er sie einstellte, vor böswilligen Kommentaren schützen? Sich gegen Versuchungen wappnen? Das bleibt ein Geheimnis. Wie auch immer, wir verbringen eine wunderbare Woche.

Kinder schaffen sich ihre eigene Welt. Sie können gegenüber allem, was sie umgibt, eine erstaunliche Fremdheit bewahren und ihre Reaktionen, was Bekundungen von Zuneigung angeht, werden selten durch Dankbarkeit ausgelöst. Der Herr Pfarrer ist eine eindrucksvolle Persönlichkeit und das Pfarrhaus ist trotz des Drachens ein reizvoller und verehrter

Ort. Und dennoch finden wir es eines Abends, als der Pfarrer unser Gast ist, sehr komisch, diesem respektablen Gebäude, das durch Tradition und Disziplin zementiert ist, Risse zu verpassen. Die Reisenden sind zurückgekommen. Die Unterhaltung nach dem Abendessen setzt sich im Esszimmer fort, aus dem wir uns nach dem Verzehr des Nachtischs wegstahlen, um eine geheime Zusammenkunft abzuhalten.
Als wir lärmend wieder hereinkommen, stimmen wir, um den Tisch herumlaufend, das bekannte Lied an:

M'sieur le curé cirez vos bottes
Pour venir nous marier
Car chez nous l'amour i'trotte
Comme les rats dans un grenier.

(Herr Pfarrer, putzen Sie Ihre Stiefel,
Um zu kommen und uns zu verheiraten;
Denn bei uns trippelt die Liebe
Wie die Ratten auf einem Speicher.)

»Ah! Aber… Ah! Aber… ihr kleinen Lausebengel«, schimpft der Herr Pfarrer, der eine solche Respektlosigkeit von uns nicht gewohnt ist. Sie lässt die Familie verstummen. Gestrengen Auges erhebt man sich. Wegen dieser Unziemlichkeit müssen wir dem Herrn Pfarrer sofort unsere Entschuldigungen antragen. Die brave Biche hat natürlich nicht an dem Meeting teilgenommen. Wer von uns hat diese geschmacklose

Idee gehabt? Vielleicht François, für dessen Nonkonformismus es schon genügend Beweise gegeben hat? Tonio hat einen Sinn für Schicklichkeit und ist ganz beschämt. So bin ich diejenige, die die Verantwortung für ihre jüngeren Geschwister übernimmt. Als ich mich dem Herrn Pfarrer nähere, sagt er freundlich zu mir: »Meine liebe Simone, Sie wissen, dass ich Sie gerne habe, ich wäre nie über Sie verärgert.« Ich lächle höflich. Das ist sehr nett von ihm, obwohl ich keineswegs zerknirscht bin. Indem ich Entschuldigungen vorbringe, gehorche ich dem Kodex der guten Erziehung. Nicht einem inneren Drang. Kinder denken nicht immer wie Erwachsene.

Die verloren gegangene Uhr

Da wir an den Ausflügen mit dem Herrn Pfarrer Geschmack gefunden haben, beschließen meine Brüder und ich, einen großen Ausflug in die Berge zu machen. Was ist hinter dieser blauen Wand, die im Osten den Horizont von Saint-Maurice umschließt? Das müssen wir unbedingt herausfinden. Die Familie erteilt die Erlaubnis und versorgt uns mit einem Proviantkorb, den wir »da oben« auf einem Gipfel leeren wollen.

»Wenn ihr blauen Enzian findet, bringt mir welchen mit«, bittet Biche.

Didi heult, weil der Spaziergang für ihre kleinen Beine zu anstrengend ist. Die Brüder trösten sie auf ihre Weise.

»Du bist zu fett, du armes Kind. Du würdest nicht schnell genug gehen.«

Die schluchzende Didi wirft sich in Mademoiselle Marguerites Arme, deren Liebling sie ist. »Seid vor allem vorsichtig«, sagt Maman. »Und macht keine Dummheiten«, setzt die Tante noch eins drauf.

Wir ziehen also zu dritt los; zwei Jungen und ein

Mädchen. Wir nehmen den Nahverkehrszug, der uns hinter den vertrauten Grenzen absetzt, denn wir wollen richtig sportlich sein. Vor dem steilsten, dem steinigsten und unwirtlichsten Hang halten wir an. Das ist etwas für uns. Natürlich hat niemand vor uns den Aufstieg versucht. So klettern wir los inmitten des Gerölls, der einschneidenden Steine, des Splitts, der herabrollt, des Schutts, der sich unter den Füßen löst und einen für einen Schritt vorwärts zwei rückwärts machen lässt. Dann weichen die Steine einem knorrigen Gehölz, den Akazien, die ihre Spitzen unter kleinen unschuldigen Blättern verbergen und einen heimtückisch stechen. Wir trauern dem Splitt nach. Der Abhang ist so steil, dass wir, auf der Spitze eines Balkens balancierend, die unteren Zweige des oberen

Diese blaue Wand begrenzt den Horizont von Saint-Maurice…

Baumes erreichen. Mit Hilfe von Handgelenken und Hüftschwüngen bewerkstelligen wir Klimmzüge. Völlig außer Atem halten wir an, um unser Mittagessen einzunehmen. Wir vertilgen alles bis auf das Papier und die Schalen, die wir vergraben, um die Landschaft nicht zu verschandeln. Von keinem sperrigen Korb mehr beeinträchtigt, ziehen wir wieder los. So hoch man schauen kann, setzt sich das Gewirr fort. Der Berg bäumt sich auf und bietet uns die Stirn. Wir sind in Schweiß gebadet, knallrot und schnappen nach Luft. Die Haare verklebt, die Haut aufgeritzt und die Schnürsenkel abgerissen, verhehlen wir uns gegenseitig unsere Besorgnis, denn wir haben uns verirrt und müssten zweifellos wieder absteigen. Als wir die Steilheit ermessen, verlässt uns der Mut. Da ist es hundertmal besser, weiter bergan zu steigen.

Plötzlich ertönen Freudenschreie. Durch die Blätter dringt Licht. Ein Sonnenstrahl vergoldet die Zweige und kündigt den Gipfel an. Die Bäume streben auseinander, die Neigung schwächt sich ab, wir kommen schneller voran und lassen uns schließlich erschöpft unter das Dach junger Haselsträucher auf eine Art Moos fallen. Der gesamte Gebirgskamm, der letzte Ausläufer des Jura, strebt unter uns in die Ebene. Wir brauchen nur noch hinabzusteigen und den ersten Pfad zu nehmen, auf den wir stoßen. Wir springen wild durch das durch Blätter und Humus weiche Unterholz. Die feuchte Luft ist Balsam für unsere ausgetrockneten Kehlen und für unsere

schmerzenden Glieder. Der erste Weg führt uns in ein Dorf. Ein Dorf am Ende der Welt...! Voller Erstaunen betrachten wir diese Bauern, die wie echte Bauern aussehen, und diese Frauen, die richtige Kühe führen. Dennoch sind es Wilde, Bewohner unzugänglicher Gefilde. Und gleichzeitig auch menschliche Wesen wie wir, die dieselbe Sprache sprechen und uns sehr liebenswürdig den Rückweg zeigen.
Unsere Müdigkeit ist verflogen, wir bekommen Flügel. Der Nachmittag geht zur Neige und wir marschieren, lachen und singen aus vollem Halse. Das Land wird immer zivilisierter. Jede Biegung bringt uns einen vertrauten Hinweis, ein Zeichen des Wiedererkennens.
Wie viel Uhr es wohl sein mag?
Ich suche meine Uhr. Ich suche sie in der Tasche meiner Schürze und der meines Kleides. Ich hatte doch meine Uhr mitgenommen!
Habe ich sie etwa verloren? Meine goldene Uhr? Bestürzte Pause.
»Was für eine Idiotin«, sagt François.
»Such mal genau«, meint Antoine.
Ich fange erneut an zu wühlen. An meinem Hals, meinem Arm, in meinen Haaren, in meinen Schuhen. Wo kann sie sich verstecken?
»O mein Gott, was wird man zu Hause sagen? Die Uhr meiner Erstkommunion!«
»Mein armes Kind, was bist du blöd! Wo hattest du sie hingesteckt? Wann hast du das letzte Mal auf sie gesehen?«

»Beim Aufstieg, als wir mittaggegessen haben.«
»Dorthin können wir nicht zurückgehen und sie suchen«, antwortet François.
»Wir haben sie vielleicht in dem Wäldchen auf das Moos fallen lassen.«
»Ich werde zurückgehen«, sagt Antoine entschlossen. »Ich werde den Weg zurückgehen und du gehst mit François nach Hause.«
»Oh! Tonio, was bist du nett…! Bist du nicht zu müde?«
»Du kannst nicht deine Uhr verlieren. Das wäre zu schade.«
Ohne zu zögern, macht er kehrt und läuft los.
Wir haben plötzlich sehr schwere Beine. Die Mannschaft hat sich aufgelöst und die Freude ist dahin. Wir denken mit Entsetzen an den Weg, der sich mehr oder weniger verschlungen den Hang hinaufwindet wie eine heimtückische Schlange. Schweren Herzens besteigen wir den kleinen Zug, der uns nicht weit von Zuhause absetzt.
Dort empfängt uns großes Geschrei. Was ist mit Antoine passiert? Wieso ist er erneut aufgebrochen? Ich bin ein unvorsichtiger Dummkopf. Man nimmt nicht eine goldene Uhr in der Tasche mit. Wenn sie nicht gefunden wird, wird mir der Nachtisch entzogen. Natürlich. Doch das ist mir egal! Wir sorgen uns alle um Antoine, der allein in der Nacht auf dem Berg umherirrt.
»Glaubst du, er geht den Hang hinauf?«, fragt François fröstelnd.

Es gibt Schutzengel. Ziemlich spät nach dem Abendessen, als die Sorge immer schlimmer wird, setzt ein Karren einen Schüler vor dem Tor ab, der vor Müdigkeit leichenblass ist und den der Karren zerschlagen und das Bein nachziehend auf der Straße aufgelesen hatte. Die Familie scharte sich um ihn und überhäufte ihn mit Fragen. Tapfer war er die Straße in der Gegenrichtung bis zu dem Wäldchen marschiert, hatte die Bauern befragt, im Dorf Halt gemacht und den Feldhüter gebeten, den Verlust einer goldenen Uhr und das Versprechen einer Belohnung für den, der sie zurückbrächte, bekannt zu machen.
»Ach Monot, es tut mir so Leid… ich habe sie nicht gefunden.«
Mir wurde der Nachtisch entzogen.

An der Schwelle zum Erwachsenwerden

Der letzte Kriegssommer in Saint-Maurice.

Die Jahre sind vergangen. Der schreckliche Krieg von 1914–1918 hat zunächst die verstreuten Mitglieder der Familie zusammengebracht. Dann hat der Tod um uns herum zugeschlagen. Auf väterlicher Seite war der am schmerzlichsten empfundene Verlust der Tod des Majors Roger de Saint-Exupéry, des jüngsten Bruders unseres Vaters. Am 22. August 1914 in Messein schwer verwundet, starb er am 9. September in Charleville. Wir verloren in ihm eine starke Stütze, denn er betrachtete uns seit dem Tod unseres Vaters als seine Adoptivkinder. Antoine, das zukünftige Familienoberhaupt, hatte lange Aufenthalte inmitten seiner sieben Vettern (sechs Mädchen und einem Jungen, die zwei Ehen entstammen) verbracht. Onkel und Neffe hatten einander sehr gern. Auf mütterlicher Seite standen auf der Liste der für Frankreich Gefallenen ein Onkel und drei Vettern, die unser Pfarrer nach dem Waffenstillstand im Anschluss an die Predigt zitierte. Seine tiefe Stimme schmetterte von der Kanzel herunter (diese Stimme schien vom Himmel zu kommen und nicht aus einer Mauer oder einer Säule wie die der Lautsprecher).

»Beten wir noch für…« und die Namen der Vermissten und Toten wurden heruntergebetet, die während der fünf Jahre des furchtbaren Krieges gefallen waren. Die Frauen weinten und erinnerten sich wieder an unsere gemeinsamen Ängste; wir waren in der Trauer und im Gebet miteinander vereint.
Der Krieg hatte nicht nur an der Front zugeschlagen. Meine Mutter hatte 1915 meine beiden Brüder nach dem ersten Trimester aus dem Gymnasium Notre-Dame-de-Sainte-Croix in Mans geholt. Sie verbrachte das ganze Jahr in ihrer Krankenstation von Ambérieu-en-Bugey und wollte sie näher bei sich haben. Eine erste Erfahrung bei den Jesuitenpatern von Mongré in Villefrance-sur-Saône schlug fehl. Das Klima entsprach in keiner Weise dem der ausgezeichneten Pater in Mans. Sie brachte ihre Söhne zu den Marienbrüdern der Villa Saint-Jean im schweizerischen Fribourg. Meine Brüder fühlten sich in der neuen Schule sofort wohl, einem wahren Paradies nach der Strenge von Mongré.

*

Der Winter von 1915/1916 war verhältnismäßig mild. Der Winter von 1916/1917 begann mit einer schrecklichen Kälte und wir verbrachten die Weihnachtsferien mit unserer Mutter in Divonne-les-Bains. In dem Hotelkamin wurden große Holzfeuer angezündet, die fröhlich die Täfelungen im Salon beleuchteten. Es waren wenig Leute da, denn die

Antoine in der Villa Saint-Jean in Fribourg.

François de Saint-Exupéry auf seinem Totenbett, von seinem Bruder fotografiert.

Einrichtung für die Wassertherapie war geschlossen. Das so entspannende Klima von Divonne, der wunderbare Blick auf den Genfer See und die Alpen erfüllten uns mit Euphorie. Wir gingen zu Fuß in Richtung Schweiz und blieben stehen, als der Schweizer Zoll in Sicht kam. Er war durch ein Schild auf Deutsch angekündigt: Zoll. Diese Vokabel entzückte meine Brüder, die erklärten, dass die Schweizer einen orthografischen Fehler gemacht hätten und dass sie »Zoli«* hätten schreiben wollen. Sie kehrten, sich biegend vor Lachen, ins Hotel

* Zoli = joli (nuschelige Kindersprache) (Anm. d. Ü.).

zurück und redeten nur noch über den »hübschen Schweizer Zoll«.
Einige Zeit nach unserer Rückkehr nach Fribourg (ich besuchte dort mit einigen Lyonnaiser Freundinnen eine Haushaltsschule) sanken die Temperaturen plötzlich vierzehn Tage lang auf bis zu dreißig Grad unter Null. Die Schule und die Pensionärinnen von Cénacle (wo ich ebenso wie meine Freundinnen wohnte) gaben sich voller Freuden ganz dem Schlittschuhlaufen und Schlittenfahren hin. Skifahren war weniger verbreitet.
Genau diese Kälte hatte François ziemlich nachlässig ausgewählt, um seinen Mantel zu verlieren. Aus Angst vor einer Strafe antwortete er denjenigen, die ihn fragten, warum er bei einer solchen Polarkälte so wenig anhabe, er sei gegenüber Kälte unempfindlich. Das Erstaunliche war, dass man ihm geglaubt hat. Als die Aufsichtführenden endlich seine Unvorsichtigkeit bemerkten und ihm Hausarrest erteilten, war es zu spät. Mit einem Rheumatismusanfall wurde er auf die Krankenstation verlegt. Da sein Zustand sich während der Osterferien nicht besserte, musste er die Schule verlassen. Der Gelenkrheumatismus hatte sich auf das Herz gelegt und die Medizin hatte damals noch nicht die Mittel, um mit Erfolg dagegen anzugehen. Trotz aller Bemühungen der Ärzte von Lyon wurde er fortschreitend schwächer und als er nach einem Aufenthalt in Saint-Raphaël am Mittelmeer nach Saint-Maurice zurückgebracht wurde, schlief er sanft am zehnten Juli für immer ein. Das von einem

fortwährenden Fieber geschwächte Herz hatte versagt.

Trotz des Krieges war der Tod für uns etwas Abstraktes geblieben. Dies war unsere erste physische Begegnung mit ihm. In unseren Augen als Heranwachsende war dieser leblos daliegende Körper ein entsetzlicher Un-Sinn, eine Erschütterung der natürlichen Ordnung, die es so vorgesehen hat, dass man altert, bevor man stirbt.

Vor diesem ruhigen Gesicht mit den reinen, noch kindlichen Zügen und der dennoch steinernen Härte mischte sich die Angst vor dem Unerklärlichen mit unendlichem Schmerz. Und dennoch war das Ende fast ohne Leiden vor sich gegangen. François hatte sein Schicksal, dass er sterben musste, mit einer überraschenden Ergebenheit hingenommen; vielleicht lag dieser Akzeptanz eine extreme Müdigkeit zugrunde. Der Schiffbrüchige, der sich an einen Felsen, an ein Wrackteil klammert, gibt schließlich der Erschöpfung nach und überlässt sich der Strömung. Der Trost, den er aus dem religiösen Glauben geschöpft hatte, tat auch seine beruhigende Wirkung. Am frühen Morgen, zur Stunde, wenn die Sterbenden aufhören zu kämpfen, hat er nach seinem Bruder gerufen. Im *Flug nach Arras* durchlebt Antoine, von den deutschen Kugeln bedroht, seine Kindheit erneut. Im Angesicht des Todes erlebt er den Tod seines jungen Bruders noch einmal. Ihn erschüttert, mit welcher Leichtigkeit sich dieses fünfzehnjährige Kind von einem Körper gelöst hat, der alle Bedeutung verloren hat. Der Geist, der klarsichtig geblieben ist, befehligt allein und beherrscht die Schwächen dieses Körpers. François will als Mann sterben. Er diktiert sein Testament und überlässt seinem Bruder ein Fahrrad, einen Motor und einen Karabiner.

Wie reagiert Antoine auf den Tod seines Kindheitsfreundes, seines Spielgefährten? Die beiden Brüder waren immer unzertrennlich gewesen, hatten immer dieselben Schulen besucht. Dieses gemeinsame Leben hatte bei dem älteren Bruder ein Verantwortungsgefühl entstehen lassen. Ihm war die Familienhierarchie bewusst geworden.

»Die Brüderlichkeit«, sagt er in der *Zitadelle*, »habe ich zu Hause entdeckt, wo der ältere Bruder den jüngeren schützte. Und wo der jüngere sich dem älteren anvertraute…« – »Und wenn du stirbst, beweint er [der ältere] sein Schäfchen, dasjenige, das er mit Freuden liebte, dem er im Schein der abendlichen Lampe seine Ratschläge gab.«

Unsere Mutter tat ihr Möglichstes, um Antoine von seinem Kummer abzulenken. Was gibt es Wirkungsvolleres als einen Umgebungswechsel? Nachdem er dank des ausgezeichneten Unterrichts in Fribourg mit Leichtigkeit in Lyon sein Baccalauréat in Philosophie geschafft hatte, fuhr Antoine zu seinen Vettern de Saint-Exupéry nach Carnac und von da ins Schloss des Portes im Departement Creuse zu den Bonnevies.

*

Die Bonnevies waren alte Freunde. In Lyon waren wir Nachbarn. Die Place Bellecour lag zwischen uns, als sie in der Rue Boissac wohnten; sie kamen noch näher, als sie in die Rue du Plat in ein riesiges, schönes Appartement zogen, wo die Größe des Salons sich wunderbar für unsere Spiele und besonders die Scharaden eignete. Aus Vorsicht gegenüber der Jugend und den geistlichen Besuchen im Haus hatte sich Madame de Bonnevie nach langem Überlegen und etlichen Beratungen dazu entschlossen, die Nymphen, die sich in schlichter Nacktheit auf den Tür- und Fensterpfeilern tummelten, mit Tüchern zu bedecken. Régine, die älteste Tochter und meine bevorzugte Freundin, hatte sie mir mit einem hinterhältigen Blick vorgeführt und in der sibyllinischen Art, die sie anwandte, wenn sie von der Familie sprach, gesagt: »Es wurde für besser befunden, sie anzuziehen.« Régine und ich waren im selben Jahr im Januar mit einem Abstand von drei Tagen geboren; wir hatten zusammen unter den Kastanienbäumen auf der Place Bellecour gespielt. Wir waren in derselben Schulklasse gewesen. Unser Charakter wies dieselben Züge auf, die uns mit unerschütterlicher Zuneigung verbanden. Auch meine ältere Schwester Biche mochte Régine, deren Fantasie sie amüsierte. Aber ernster als wir und von einem dichteren Innenleben beseelt, fand sie, dass wir »zu viel lachten«, was sie ärgerte. Sie sagte es uns ohne Schärfe, mit einer Art Bedauern, weil sie in uns nicht die schwesterliche Seele, die Gesprächspartnerin finden konnte, die geneigt war, ernste und wissenschaftliche Themen anzuschneiden.

Man sollte meinen, dass Antoine und Louis sofort ein Freundespaar hätten werden können. Antoines Spontaneität stieß sich jedoch an Louis' exzessiver Zurückhaltung. Es bedurfte nur einer günstigen Gelegenheit für diese beiden Elitewesen, um einander zu erkennen und miteinander übereinzustimmen. Diese Gelegenheit ergab sich in Fribourg. Bei Beginn des neuen Schuljahrs 1916 hatten meine Brüder auf den Bänken der Villa Saint-Jean ihre Lyonnaiser Freunde wieder gefunden. Louis und dessen jüngeren Bruder René. Es folgte der unerlässliche Wortschwall. »Sieh mal an, Bonnevie, bist du's wirklich…? Was machst du hier?«

»Na ja, dasselbe wie du… ich lerne lesen und schreiben.«

In der ersten Zeit beobachteten sie einander mit dem Misstrauen, das schon das geringste abweichende Verhalten in jungen Leuten erzeugt. Antoine fand Louis bissig und förmlich. Alle beide hielten sich in der Defensive. Man tauschte Sticheleien aus. Louis besaß jedoch außer seinem scharfen Verstand, seinem Sinn für ordentlich ausgeführte Arbeit und seiner Achtung vor der Disziplin auch eine unglaubliche Herzenswärme, die seine Umgebung erobern sollte. Während eines Spaziergangs verstauchte Antoine sich den Fuß. Louis kam ihm mit einer solchen Besorgnis zu Hilfe, dass die Schranken niedergerissen wurden und eine dauerhafte Freundschaft entstand.

Antoine de Saint-Exupéry (stehend) im September 1917 bei seinen Freunden Bonnevie im Schloss des Portes im Departement Creuse.

Bei diesem Freund, den er endlich gefunden hatte, verbrachte Antoine 1917 nach dem Aufenthalt in Carnac seine Ferien. Er erreichte im September das Schloss des Portes im Departement Creuse. Es ergeben sich mit Louis große philosophische Diskussionen, doch auch Scharaden und Zettelchen entstehen, auf denen jeder seinen geistigen Wettstreit austrägt. Außer der Familie de Bonnevie sind da noch zwei entzückende Cousinen, Jeanne und Bernardine de Menthon, die mit ihrer Mutter, einer geborenen La

Bourdonnaye, häufig in die Auvergne fahren. Antoine verliebt sich in die beiden Schwestern und schreibt uns begeisterte Briefe. Schließlich ist es Jeanne, die den Sieg davonträgt, denn Bernardine, Dolly genannt, ist zu jung. Verzaubert kommt er nach Saint-Maurice zurück und da er das Schuljahr in Paris verbringen wird, um im Gymnasium Saint-Louis seinen Eintritt in die Ecole Navale, die Marineschule, vorzubereiten, empfangen ihn diese Damen in ihrem Appartement in der Rue du Cirque... Die Freude über das Wiedersehen mit seinen Freundinnen hält ihn davon ab, sich in seinem Kummer zu vergraben, und mildert das Bedauern, Fribourg und Louis, den auserwählten Freund, verlassen zu müssen, der in Lyon sein Mathematik-Baccalauréat vorbereiten wird. Natürlich schreiben sie einander und die Freundschaft wird die Entfernung überleben.
Ihre Freundschaft ist nicht immer frei von Hochs und Tiefs. Der von Natur aus konzentrierte Louis arbeitet versessen. Dann folgt eine Zeit der Depression. Ihn überfallen Anfälle von Zweifel an der Qualität seiner Arbeit und er unterbricht paradoxerweise jegliche Korrespondenz.
Anfang 1918 ist Antoine Internatsschüler des Saint-Louis-Gymnasiums in Paris, wo er sich auf die Prüfung für die Ecole Navale vorbereitet. Louis, der noch unentschlossen wegen seines weiteren Werdegangs ist, gibt sich nach dem Baccalauréat in Philosophie damit zufrieden, in Lyon das in Mathematik vorzubereiten. Antoine, der wegen eines längeren

Schweigens beunruhigt ist, geht alle Motive durch, die der Grund dafür sein könnten. Er fordert eine Erklärung. Seine Berichte über die deutschen Bombardierungen und sein Erklimmen der Schuldächer, um das Geschehen besser beobachten zu können, haben den so reservierten, so diskreten, so bescheidenen Louis möglicherweise als Prahlerei schockiert. Endlich entschließt er sich zu antworten und Antoine jauchzt vor Glück.

»Deinen langen Brief zu lesen, hat mir eine solche Freude bereitet, dass ich sofort alle Zerwürfnisse, Zusammenstöße und Unstimmigkeiten für immer vergessen habe. Ich muss dich um Entschuldigung bitten, weil ich an dir gezweifelt habe, aber was willst du? Das kommt nicht ganz von ungefähr [...]. Nach dem hundertsten Brief ohne Reaktion von dir ist es aus mir herausgebrochen: ›Das ist es, ich bin ihm egal!‹

Ich war ernsthaft wütend und habe dir geschrieben. Dann habe ich gezögert, meinen Brief abzuschicken. Ich habe darunter gelitten, doch der Zweifel war noch quälender. [...] Was nützt es, sich all dies ins Gedächtnis zu rufen. Jetzt gibt es nur noch eine Wirklichkeit: Ich habe meinen Freund wieder gefunden und wenn du wüsstest, wie froh mich das macht! [...] Im Übrigen sind es nicht die Briefe, die einen vereinen. Man braucht sie weniger, wenn man nicht mehr mit dem Herzen zweifelt.«

In den Osterferien, so wird beschlossen, werden Antoine und ich zu unserer Großmutter nach Saint-

Raphaël fahren und dort unsere jüngste Schwester besuchen, die in Boulouris bei Saint-Raphaël Pensionärin bei den Nazarenerinnen ist. Madame de Bonnevie und unsere Mutter sind durch ihre Krankenstationen nicht abkömmlich. Wir werden unter der Obhut von Monsieur de Bonnevie aufbrechen, der seine drei Kinder nach Südfrankreich bringen muss. Am Montag, dem 25. März, fahren wir zum Bahnhof von Perrache und als der Zug Paris–Marseille einfährt, sehen wir einen aus dem Fenster gelehnten und heftig gestikulierenden Oberkörper und ein wohl bekanntes Gesicht auftauchen, das uns herbeiruft.

Es ist Antoine! Louis und René werden rot vor Freude. Der Zug hält. Wir fallen einander in die Arme und richten es so ein, dass wir im selben Abteil sitzen können, das sogleich von der Ausgelassenheit dreier Schüler widerhallt, die entzückt sind, sich wieder zu sehen, und von denen einer den anderen mit verblüffenden Geschichten zu übertrumpfen versucht. Dann erzählt uns Antoine von der Bombardierung von Paris, die er von den Dächern des Saint-Louis-Gymnasiums gesehen hat, und macht sich über die Dicke Bertha lustig. O weh! Sie sollte ihre Bösartigkeit offenbaren, als sie am folgenden Freitag, der der Karfreitag war, einen Teil der Saint-Gervais-Kirche zerstörte.

In Marseille trennen sich unsere Wege und wir gehen voller Bedauern auseinander.

Im darauf folgenden August ist Antoine in Besançon

bei den Vidals. General Vidal hat mehrere Male die Krankenstation von Ambérieu-en-Bugey inspiziert. Er hat unserer Mutter vorgeschlagen, ihm Antoine für die Ferien in Besançon anzuvertrauen, wo er sein Deutsch vervollkommnen soll, denn bei dem Unterricht von Mertzizen in Mans hat er kaum etwas gelernt. Nun in den Händen eines ausgezeichneten Lehrers, ist Antoine zwischen den Unterrichtsstunden Gast einer charmanten Familie und geht mit Madame und Mademoiselle Vidal spazieren. Ein einziger Wermutstropfen – Louis schweigt wieder seit drei Monaten. Neue angstvolle Aufforderungen von Antoine, der an seinen Freund eine eingehende Gewissensprüfung richtet. »Ich halte es für sinnlos«, sagt er, sie beschließend, »diesen Brief von sechs Seiten noch länger zu machen. [...] Wenn es, was ich hoffe, nur ein Missverständnis war oder eine vorübergehende Verstimmung, schreib mir schnell und lange und sei erneut meiner alten und treuen Freundschaft versichert.«

Die äußeren Umstände werden sie wieder einander annähern. Nach seinem Mathematik-Baccalauréat verbringt Louis ein Jahr im Gymnasium Parc de Lyon, um sich in der Ecole Centrale einschreiben zu können. Von 1919–1920 besucht er die Ecole Sainte-Geneviève in Versailles. 1920 wird er in der Ecole Centrale angenommen und muss sich auf drei Jahre Ausbildung einstellen.

Im selben Jahr fährt Antoine nach Paris und bringt im Juni den schriftlichen Teil der Aufnahmeprüfung

Die Vorbereitungsklasse von Pfarrer Sudour in der Ecole Bossuet 1919: Antoine ist der erste Schüler von links.

für die Ecole Navale hinter sich. Er wird zur mündlichen Prüfung im Juli zugelassen. Leider ist die Anzahl der verfügbaren Plätze sehr viel geringer als in den vorhergehenden Jahren, in denen sie wegen der im Krieg verursachten Verluste festgelegt worden war. Antoine fällt bei der mündlichen Prüfung durch und die Pforten der Ecole verschließen sich ihm für immer, weil die Altersgrenze 1921 auf neunzehn Jahre festgelegt und er am 29. Juni zwanzig Jahre alt wird.

Man kann sich fragen, warum die ausgezeichneten Noten, die er immer in Mathematik hatte, ihm nicht

Ferien 1918 in Saint-Maurice.

die Aufnahme ermöglicht haben. Der Grund ist einfach: Er war unfähig, das zu lernen, was ihn langweilte. Er hatte bewusst keine Ahnung von Geschichte und Geografie und konnte sich nie in einer anderen lebenden Sprache als dem Französischen ausdrücken, auf das er dafür alle Sorgfalt verwandte. Von diesem Misserfolg entmutigt, reagiert er mit Magen-Darm-Störungen und verbringt drei Wochen in Vichy.

Das Jahr 1920 ist von Anfang an durch die Krankheit und den Tod unserer Tante Tricaud getrübt, die am 17. April verschied. Mit ihr geht unsere ganze Jugend dahin und auch eine ganze Epoche. Eine Leere tut sich auf, deren Tiefe Biche mehr als die anderen ermisst. Als ein über die Maßen und von allen geliebtes Kind bleibt sie fassungslos und wie auf einer einsamen Insel verlassen zurück. Unterdessen bemüht sich unsere Mutter, sie abzulenken. Wir fahren nach Mans, um der Ehe unserer Cousine Elisabeth de Saint-Exupéry mit Joseph de Quatrebarbes unseren Segen zu geben. Dann in das Gebiet Loire-et-Cher nach Lancosme zu anderen Cousinen, den Hubert de Lestranges. Biche ist entzückt. Sobald sie jedoch wieder in Saint-Maurice ist, lauscht sie unwillkürlich: Kein Echo ertönt mehr auf diese so häufig ausgesprochenen Worte: »Biche, wo bist du?« Niemand hat mehr dieses lebenswichtige, ausschließliche Bedürfnis nach ihr. Ein Anspruch, ein ständiges Bemühen um Präsenz und Zuneigung sind verschwunden. Ein drückendes

Schweigen hat sich eingestellt und es wird trotz ihrer Vitalität und derer von allen, die sie umgeben, bis an ihr Lebensende auf ihr lasten.

*

Nach den Ferien hat sich Antoine entschieden, sich für Architektur in der Ecole des Beaux Arts einzuschreiben. Er sucht sich in der Nähe in der Rue de Seine ein kleines Hotel, das Hôtel de la Louisiane. Seine Bitterkeit darüber, dass er auf einen ihm am Herzen liegenden Beruf verzichten musste, hindert ihn daran, die witzelnde und bohemehafte Atmosphäre der Beaux-Arts zu schätzen. Die Schikanen der Alten gegenüber den Neuen widern ihn an. Zum Glück weilt Louis in Paris, der in der Pension Francs-Bourgeois in der Rue Saint-Antoine wohnt. Unterdessen wird Antoine zu seiner Erleichterung zum Militärdienst eingezogen. Er verlässt Paris und wird am 2. April 1921 dem zweiten Geschwader der Luftwaffe in Straßburg zugeteilt. Zunächst macht ihm das für ihn so neue Milieu großen Spaß. Er schreibt im Mai an seine Mutter: »Im Augenblick – entgegen den trügerischen, von anderen geäußerten Ansichten – halte ich das Geschwader für eine nette Sache. Wir treiben zunächst nur Sport, das Geschwader ist im Ganzen eine große Fußballschule. Man spielt auch kleine Spiele wie in der Schule (Schlagball, Bockspringen), nur mit dem Unterschied, dass diese Übungen befohlen werden und dass man, wenn man schlecht spielt, auf feuchtem Gefängnisstroh schlafen muss. [...] Ich habe sympathische Zimmergenossen. Wir liefern uns oft große Kissenschlachten. Ich habe ihre Sympathie, was viel bedeutet, und bei den Kissenschlachten teile ich mehr Schläge aus, als ich einstecke...«

Nach und nach findet er dieses Leben mit den Übungen und der Theorie geisttötend. Und da sein Ziel nun die Luftfahrt ist, sucht er einen Weg, den Pilotenschein zu machen. Um den Militärschein erwerben zu können, müsste er sich zu einer Verlängerung des Militärdienstes verpflichten. Diese Absicht hat er aber nicht. Es gibt allerdings auch in der zivilen Luftfahrt die Möglichkeit, sich ausbilden zu lassen. Nun hat gerade eine der ersten kommerziellen Linien, die Franco-Roumaine, einen Landeplatz in Neudorf bei Straßburg. Mit der Erlaubnis seiner Mutter und der seines Vorgesetzten, des Hauptmanns Billy, unterzeichnet er (für zweitausend damalige Franc) einen Vertrag mit der Linie Franco-Roumaine und erhält Flugunterricht. Er lässt sich auch von seinen Geschwaderkameraden mitnehmen und schreibt seiner Mutter: »Ich steige, völlig aufgewühlt, aus einer Spad-Herbemont. [...] Ich dachte, ich sei sehr niedrig, war aber durch die fünfhundert Pferdestärken des Motors in zwei Minuten auf tausend Meter gekommen. Das tanzte und schaukelte und rollte... Ah! Da, da! [...] Ich bin noch kein Bordschütze, doch dank den Freunden, die ich mir geschaffen habe, steige ich auf. [...] Es ist ein tolles Flugzeug.

Antoine, an einen Propeller gelehnt, während seines Militärdienstes 1921 in Straßburg.

Das würde ich leidenschaftlich gerne fliegen. Es hält sich in der Luft wie ein Hai im Wasser und es ähnelt einem Hai! Derselbe merkwürdig glatte Körper. Dasselbe weiche und schnelle Gleiten. Es hält sich noch vertikal auf den Flügeln in der Luft.
Kurz, ich schwelge in Begeisterung [...].«
Die Begeisterung bringt ihn dazu, um eine Versetzung nach Marokko zu ersuchen, wo er, da die Ausbildung freiwillig ist, nach dem zivilen Schein den militärischen erwerben kann.
Im Juli reist er schließlich nach Marokko. Er wird dem siebenunddreißigsten Geschwader in Casablanca zugeteilt.
Casablanca versetzt ihn zuerst in Schrecken: »[...] rasch wachsende Stadt mit erdrückenden Häusern«; »[...] nur Casablanca zu kennen würde mich zur Verzweiflung bringen, es würde sich nicht lohnen, nach Marokko zu kommen.« Aber er entdeckt das arabische Viertel: »Zum Glück ist da die arabische Stadt. Von hohen Mauern umgeben, verteidigt sie ihre kleinen, hellen Läden und ihre bunten Auslagen. [...] Die kleinen Araber gehen wie Königssöhne in prächtige farbige Togen gekleidet und spielen, in den Gassen sitzend, mit den kleinen Mädchen in langen Schleiern.«
Und vor allem gibt es Rabat, die weiße Stadt, in die er gekommen ist, um zur selben Zeit wie sein Freund Marc Sabran, ein alter Mitschüler der Ecole Bossuet, sein Reserveoffiziersexamen abzulegen. Ihm lag nicht viel daran, zu diesem Examen

zugelassen zu werden, weil er keine Lust hatte »sich ein Jahr lang in einer düsteren Schule für Militärtheorie den Geist abzutöten«. Er hat nie ein Lehrbuch angefasst, was zu sarkastischen Äußerungen zweier Kameraden führte, auch sie Kandidaten, die schon aus der Höhe ihrer zukünftigen Offiziersgrade auf ihn herabblickten. Nun, er wurde zugelassen, da die Prüfung einem alten Kandidaten für die Ecole Navale keinerlei Schwierigkeit bot, und die beiden anderen fielen durch.

Sabran macht ihn mit einem Freund bekannt, Hauptmann Priou, der in der Nähe der Moschee des Oudaias ein kleines, weißes Haus gemietet hat, so schneeweiß wie »Watte bei Vollmond«. Von da an ruhen sie sich jede Woche von Samstag bis Montag bei Priou aus, der seine Kameraden um sich schart, um mit ihnen Tee zu trinken, zu rauchen, Bridge zu spielen und vor allem »machen sie wie toll Musik«. Von den sechs anwesenden Freunden sind drei Virtuosen, darunter Sabran und der Hauptmann. Er geht auch in der Stadt spazieren: »Dort habe ich angefangen, Marokko zu verstehen. Endlose Spaziergänge in den von Menschen wimmelnden und lichtdurchfluteten Straßen. Oh, wenn ich Aquarelle malen könnte, was für Farben, was für Farben, es ist märchenhaft, wenn man zu sehen versteht.«

Er macht auch Ausflüge im Flugzeug. Die Weite, die er überfliegt, »vermittelt eine genaue Vorstellung vom Nichts«. Dann kommt der Regen und das »schreckli-

che Hinterland […] hat sich zunächst mit einem ganz neuen Grün und weiten bunten Wiesen bekleidet; jetzt schmückt es sich mit roten und gelben Blumen und eine Wiese nach der anderen beginnt zu leuchten.«
Nach sechs Monaten Marokko kehrt er nach Hause zurück und während die Fantasie seine Erinnerungen verschönt, schreibt er seiner Mutter von dem Schiff aus, das ihn zurückbringt: »Ich kann mich nicht über Marokko beklagen, es war angenehm für mich. Ich habe Tage düsterer Traurigkeit hinten in einer fauligen Baracke verbracht, aber ich erinnere mich jetzt daran wie an ein Leben voller Poesie.«
Und diese Poesie wird er zweifellos in das Ohr und die Fantasie seines Freundes Louis verströmen, den er in Paris überraschen will. In demselben Brief empfiehlt er seiner Mutter: »Bitten Sie Monot inständig, Régine [Régine de Bonnevie, Louis' ältere Schwester] nichts von meiner Ankunft zu sagen, damit Louis die Überraschung erlebt, mich eines Abends in sein Zimmer hereinplatzen zu sehen.«
Der Zauber Marokkos nimmt auch Louis gefangen. Als er die Centrale als Ingenieur des Kunsthandwerks verlässt, tritt er in die Armee ein und wird 1925 nach einer Ausbildung in Fontainebleau zum Leutnant ernannt. Und wie sein Freund Antoine lässt er sich nach Marokko schicken. Marokko wird ihm jedoch zum Verhängnis werden. Nach einem Einsatz auf dem Land (bei Rif und Tache de Taza) befällt ihn das Sumpffieber und wieder in Marrakesch sucht er sich ein kleines, weißes Haus wie das des Haupt-

manns Priou in Rabat. Es befindet sich in der Nähe der Kasbah und Louis führt dort mit zwei Kameraden einen gemeinsamen Haushalt. Er wird daraufhin Bodenoffizier im siebenunddreißigsten Geschwader der Luftwaffe. 1927 wird Marrakesch von Typhus heimgesucht. Louis, der von der ständigen Arbeit in dem anstrengenden Klima geschwächt ist, fühlt sich so schlecht, dass er in das Krankenhaus von Marrakesch eingeliefert wird. Er glaubt, einen schlimmen Anfall von Sumpffieber zu haben, aber es ist Typhus und er stirbt am 10. Mai.
Antoine verlor einen außergewöhnlichen Freund. Eine argwöhnische Überempfindlichkeit auf der einen Seite, eine despotische Begeisterung auf der anderen haben Augenblicke schlechter Laune und der Auflehnung hervorgerufen. Doch zwei überragende, geistige Wesen hatten einen gemeinsamen Raum gefunden, in dem die Freude, die Welt zu erklären und neu zu erschaffen, für den einen wie für den anderen kostbar war.

*

Nach seiner Rückkehr im Januar 1922 wird Antoine nach Istres geschickt, wo er am 5. Februar seinen Pilotenschein erhält. Am 10. Oktober wird er zum Leutnant im vierunddreißigsten Geschwader in Le Bourget ernannt. Der junge Offizier ist glücklich über seine erste Tresse und seine bestandenen Prüfungen, er bebt vor jugendlicher Kraft, die ihn endlich ein Ziel hat erreichen lassen, und so lernt er ein entzückendes junges Mädchen kennen, in das er sich unsterblich verliebt. Viele Frauen werden sein Leben kreuzen. Doch die körperlichen Reize allein (obgleich er sie forderte) werden nicht ausreichen, ihn zu halten. Es muss mehr da sein, um ihn zu interessieren, zu amüsieren und zu bezaubern. Mangelnde Natürlichkeit, Allgemeinplätze, Dummheit ebenso wie Anmaßung stoßen ihn entschieden ab. Er wird die hübschen und törichten kleinen Mädchen nicht ertragen können, von denen eines wie das andere ist und »die nach zwei Stunden langweilen«. Die Frau, der er begegnet ist, ist eine Dichterin und für ihren Verstand schon berühmt. Sie verloben sich und einige Monate lang ist das Glück vollkommen. Das Heiratsdatum wird festgelegt und die Familie beginnt bereits, die Hochzeitsgarderobe vorzubereiten. Antoine fliegt mit Leidenschaft weiter. Im Januar 1923 erleidet er in Le Bourget einen schweren Unfall und wird mit einem Schädelbasisbruch ins Krankenhaus gebracht. Seine Verlobte, in Angst und Schrecken versetzt, beschwört ihn, seine Entlassung einzureichen und aus der Armee auszutreten. Obwohl es ihm das Herz zerreißt, die Fliegerei aufzugeben, ist er doch so verliebt, dass er gehorcht. Dennoch muss man leben. Seine zukünftige Schwiegerfamilie bringt ihn mit der Société générale d'entreprise zusammen und man macht bei Tuileries de Boiron in der Rue Faubourg-Saint-Honoré 56 einen Posten für ihn ausfindig, wo er Däumchen dreht und die Sekunden zählt. Er schreibt an seinen Freund Charles Sallès:

Antoines Verlobte: Louise de Vilmorin.

»Ich muss Mitleid erregend in meinem Käfig aussehen, aber es ist kein Freund da, der mich bedauert [...] Der Sekundenzeiger ist meine einzige Freude. Er ist das einzig Angenehme, was ich zu betrachten habe. Man spürt die Zeit vergehen. Wenn ich denke, dass es gerade noch vier Minuten vor elf war, gibt

mir das die Hoffnung, dass ich vielleicht noch den Mittag erleben werde…
Mein alter Freund, ich lasse dich. Schon musst du auch auf die Uhr gucken, das ist so ansteckend wie gähnen (gähnen, ja, das ist ein wunderbarer Trost).
[…]
N.B. Es ist zwölf Uhr! Hip! Hip! Hip! Hurra!
N.B. Es ist schrecklich. Es ist fünf Minuten nach zwei, ich bin wieder im Büro. Alles fängt von vorn an.«
Seine Verlobte ist unterdessen in Biarritz und antwortet nicht auf seine Briefe. Antoine ist verzweifelt. Er kann einem jungen Mädchen, dem alle Männer zu Füßen liegen, das umschmeichelt und gefeiert wird und deren Bestrebungen legitim sind, keine angemessenen Verhältnisse bieten. Er ahnt schon den Bruch und das Ende des schönen Traums voraus, der ihm geholfen hat, die Tuileries de Boiron zu ertragen. Eine willkommene Ablenkung! Am 12. Oktober verheiratet er seine Schwester Gabrielle (Didi) in Saint-Maurice. Sie heiratet einen Freund aus ihrer Kindheit, Pierre d'Agay. Wieder in Paris schreibt er an seine Mutter: »Waren Sie in Saint-Maurice zufrieden mit mir, habe ich meine Rolle als Bruder gut ausgefüllt? […] Ich war etwas bewegt. Ich war auch um Ihretwillen sehr bewegt. Sie haben so gut das Glück Ihrer beiden Kinder erbaut. Ich habe Sie so sehr geliebt, ohne es Ihnen sagen zu können. Meine armseligen Sorgen haben mich in letzter Zeit in mich zurückziehen lassen.«

Hochzeit von Gabrielle de Saint-Exupéry und Pierre d'Agay am 11. Oktober 1923: Antoine führt seine Schwester zur Kirche.

Seine düstere Miene war jedoch allen Hochzeitsgästen aufgefallen.

Während des Winters 1923/1924 muss er wieder vor seinen Freunden auftauchen, wieder ein wenig Lebensfreude entwickeln nach der Enttäuschung, die ihn zermalmt hat – denn der Bruch mit seiner Verlobten ist endgültig.

Er schreibt an seine Mutter: »Ich bin bei guter Gesundheit, meine Freunde sind reizend. Ich bin wirklich vom Himmel gesegnet […].«

Dieser Schock hat zweifellos in seinem Hirn einen subtilen Mechanismus ausgelöst. Er fängt an, einen Roman zu schreiben, und begeistert sich für seine Arbeit. Er liest ihn Louis vor und schreibt an seine Mutter: »Mein Roman versetzt Louis in Bewunderung.« Er liest ihn Marc Sabran vor: »[Mein Roman] lässt Sabran taumeln.« Er möchte ihn auch gern Sallès vorlesen. Aber Sallès weilt in Lyon. Also schreibt er ihm: »Du entgehst der Fron des Romans nicht: Ich habe kleine Stücke geschrieben, die ich voller Rührung wieder lese, ich brauche es so sehr, dich daran teilhaben zu lassen. Ich bin nur immer mehr genervt. Ich habe eine Person eingeführt, die für eines der einzelnen Stücke nützlich ist, und ich weiß nicht mehr, was ich mit ihr machen soll. Zum Glück habe ich so weit vorausgesehen, dass ich sie als Sterbende eingeführt habe. Ich bin auch stark mit der Zusammenfügung der einzelnen Stücke belastet. Ich versuche alle möglichen Kombinationen. Es gibt ein Geduldsspiel, das dem ähnelt. Man hat einen Haufen kleiner Rechtecke und daraus muss man den Kopf eines Gendarmen zusammensetzen. Ich habe Lust, sie einfach irgendwie hintereinander weg zu setzen. Man versteht überhaupt nichts mehr, aber es wirkt sehr geheimnisvoll.«
Er versucht, die Wohngemeinschaft von Rabat wieder herzustellen. Mit dem wieder gefundenen Priou zusammen mietet er ein Appartement. Marc Sabran stößt dazu. »Das Leben mit Priou ist wunderbar, weil er den besten Charakter der Welt hat.« – »Hübsche Intimität

mit einem Haufen alter Freunde.« – »Leider müssen wir die Wohnung am 15. Oktober wieder hergeben und uns eine neue suchen.« Der Roman macht Fortschritte. »Die Hälfte meines Romans, Maman, ist fertig. Ich glaube wirklich, dass er neu und greifbar ist.« Marc Sabran, vom Wetteifer gepackt, hat auch angefangen zu schreiben und Antoine hilft ihm in seiner Unerfahrenheit: »Ich bringe Sabran dazu, riesige Fortschritte zu machen.« ... »Ich habe aus ihm ein klein wenig ein menschliches Wesen gemacht, indem ich ihn mit der Außenwelt verbunden habe. Ich bin ziemlich stolz auf den Erfolg meiner Gedanken über die Erziehung des Denkens. Man erzieht alles, nur das nicht. Man lernt schreiben, singen, gut zu sprechen, sich rühren zu lassen, aber man lernt nicht zu denken. Und man wird von Worten geleitet und sie täuschen selbst die Gefühle. [...] Man braucht keine Aneinanderreihung von Worten, um etwas zu verstehen, sie können auch alles verfälschen: Man vertraut ihnen [...]. Ich habe also Sabran erst einmal beigebracht, inwieweit die Wörter, die er nebeneinander stellte, künstlich und sinnlos waren und dass der Fehler nicht ein Mangel an Bemühen war, der leicht zu korrigieren ist, sondern grundlegend in seiner Art zu sehen lag... ich will ihn menschlich und nicht bücherhaft haben.«

Marc bricht erneut nach Marokko auf und, dankbar für den erhaltenen Nachhilfeunterricht, schreibt er an seinen intellektuellen und geistigen Führer. Antoine zitiert in einem Brief an seine Mutter einige Passagen aus der Korrespondenz.

»Ich habe alles gut verstanden, was du mir gesagt hast. Das, was du mir beigebracht hast, ebenso wie das, was nur ein wirres Empfinden bei mir war, und was du in mir geklärt hast, weil du denken und deine Überlegungen klar und einfach ausdrücken kannst etc.«

»Wenn ich an das Gute denke, was du mir vermittelt hast, und an die Fortschritte, die ich dank deiner gemacht habe…«

»Neulich wieder, als ich mehrmals mit dir sprach, habe ich gespürt, wie sehr ich noch daran arbeiten muss, um mich aufzuschwingen und die Welt von deiner Warte aus zu sehen…«

Marokko bringt Marc nicht mehr Glück als Louis de Bonnevie. Er stirbt einige Monate vor ihm im September 1926. »Alte Kameraden kann man sich nicht künstlich schaffen«, wird Antoine in *Wind, Sand und Sterne* schreiben. Zum Glück bleibt ihm Charles Sallès.

*

Charles Sallès, gebürtiger Lyonnaiser, verbrachte seine Ferien bei den Großeltern in Châtillon-la-Palud ganz in der Nähe von Saint-Maurice. Charles und Antoine nahmen beide Nachhilfeunterricht in Latein beim Pfarrer von Bublane, aber sie hatten zu verschiedenen Zeiten Unterricht und so begegneten sie sich nie. Erst in Fribourg auf den Schulbänken bei den Marienbrüdern freundeten sie sich an, als sie in Erinnerungen an die wunderbaren Birnen des Pfarrers schwelgten. »Sie interessierten uns mehr als die *Epitome Historie Sacrae.*« Die Fliegerei ließ sie noch schneller vertraut werden. Welcher Zauber ging von Antoine aus, als er seinem geblendeten Kameraden von seinen Ausflügen über dem Flughafen von Ambérieu-en-Bugey erzählte?

Charles ist ein wirklicher Freund, einer, der ihm zuhört, der nicht urteilt und dessen sehr behutsame Ratschläge (Antoine ist unfähig zu Vertraulichkeiten, alles Schwerwiegende bleibt tief »in seinem Inneren«) immer klug und selbstlos sind. Bei Charles wird Antoine immer der überschäumende Schüler sein, der für den Lehrer einen Spitznamen findet und nie um einen Kalauer und einen Spaß verlegen ist. Euphorie kennzeichnet ihre Stimmung.

Antoine schreibt an seinen Freund, als er zu einer Verabredung in Saint-Maurice nicht rechtzeitig kommt:

»Charles!

[…] Du solltest am 16. ankommen. Abends war dein Gedeck aufgelegt, dein Zimmer bereit; auf der einen Seite der Betschemel in rotem, von dir abgewetztem Samt, auf der anderen der Toilettentisch mit einem ganz neuen rosafarbenen Seifenstück, […] ein großer Krug für warmes Wasser, den man schon am Vorabend hingestellt hatte, um ihn nicht zu vergessen. Wir hatten Blumen für dich gepflückt. Ich Jasmin, […] der Pfarrer einige Wicken. Du hättest hundert Stunden lang Gewichte heben und einen unvergleichlichen olympischen Rekord erreichen können. […] Und ich sitze nun seit fünf Uhr des 16. auf einem Klappstühlchen vor dem Gittertor. Das zerreißt jedem das Herz, mich so zu sehen. Vergebens versucht man, mich da wegzuholen, aber ich antworte: Nein, nein, ich kenne ihn. Er hält Wort. Seine Durchschnittsgeschwindigkeit ist schuld […]. Jedes Mal wenn ich eine Hupe höre, sage ich mir, das ist er, und ich vollführe eine sehr hübsche Bewegung mit der Hand, aber das Gedröhn verhöhnt mich. Und meine Hand sinkt wieder nach unten…« etc.

Und der Brief endet mit: »Ich habe dem heiligen Antonius zwei Kerzen angezündet, damit er dich wieder findet.«

Antoines Freundschaft zu Sallès wird in folgender Widmung auf einem Exemplar von *Wind, Sand und Sterne* zusammengefasst. »Für Charles Sallès in Freundschaft, die eine der festesten, ältesten und kostbarsten ist, die ich auf Erden habe.« Er schrieb ihm 1924 auch: »Du und Bonnevie […] ihr seid die einzigen, die mir wichtig sind.«

1927 schreibt er vom Kap Juby und aus der sandigen Einsamkeit an Charles, der ihm seine Verlobung mitteilt: »Ich erhalte deine Nachricht bei der Rückkehr von Abenteuern, bei denen ich mein Leben hätte lassen können […]. Nichts als schlimme Dinge: Ein Sattel, der einem die Schenkel wund reibt, ein Hacke zum Freischaufeln des Flugzeugs, mit der man sich die Hände verletzt, und Männer, die nur an den Krieg denken: keine Männer, Wildschweine.

Ein anderes Leben beginnt: Kap Juby, Sahara, 1927. Antoine de Saint-Exupéry (hier in Begleitung von Mauren, Piloten und dem Oberst de La Peña) nimmt an dem Flugpost-Abenteuer teil und beendet seinen ersten Roman, den Südkurier.

[…] Da ist es schon komisch, dich von Liebe sprechen zu hören! […] Dein Brief, was für eine Erquickung!
Es ist so schön, dass in einem Land mit Jahreszeiten das Glück zu einem Freund kommt, ganz einfach, weil es kommen musste.«
Diese Freundschaft trübt kein Wölkchen bis zur Trennung, die zunächst provisorisch, dann durch den Krieg endgültig ist.